Lutar SEMPRE
Desistir JAMAIS

Pois ainda há Esperança!

Pe. Bruno Costa

Direção geral: Fábio Gonçalves Vieira

Capa: Renata Santiago Albuquerque

Preparação, diagramação e revisão: Annabella Editorial/Thuâny Simões

Este livro segue as regras da Nova Ortografia da Língua Portuguesa.

Editora Canção Nova

Rua João Paulo II, s/n – Alto da Bela Vista

12 630-000 Cachoeira Paulista – SP

Tel.: [55] (12) 3186-2600

E-mail: editora@cancaonova.com

loja.cancaonova.com

Twitter: @editoracn

ISBN: 978-85-5339-029-8

Sumário

Prefácio

Lutar sempre, desistir jamais! É assim que começo esta pequena partilha da minha vida e o que está no meu coração em relação ao nosso livro.

Sei que você já me conhece um pouco, mas vou me apresentar melhor.

Meu nome é Bruno Pinto Costa e nasci no dia 18 de janeiro de 1978, na cidade de João Pessoa, Paraíba. Sou o filho mais velho de Francisco Costa e Izabel Cristina, e fui o primeiro neto homem de ambas as famílias.

Posso dizer, com tranquilidade e alegria, que nasci numa linda família. Meus pais sempre foram presentes na minha formação e educação com relação a Deus. Meus avós, Adailton Costa (in memorian) e Elita Costa, que hoje está com 87 anos, e Bráulio Pinto, nos seus 93 anos, e Ednalva Veloso, com seus 80 anos, também sempre foram muito presentes em minha vida. Sou grato a Deus pelos avós que Ele me deu, e, por isso, dedico este livro a cada um deles e agradeço aos meus pais por tudo que me proporcionaram.

Tenho dois irmãos. Adailton Neto é casado com Marília, que está grávida de Gabriel e já possuem uma linda filha chamada

Ester, minha sobrinha. Minha irmã Isabelle Cristine é casada com Rômulo e mãe de Leandro Filho, do qual sou padrinho de Batismo, e de Shofia.

Aqui cito apenas as pessoas da minha casa – pais, avós, irmãos e sobrinhos –, pois se eu fosse colocar tios, primos, primas, daria uma linda lista de pessoas que são muito importantes para mim.

Desde pequeno, ainda em João Pessoa, sempre senti o desejo de ajudar nas coisas da minha casa, da minha família. Eu não era uma criança que gostava de estar na rua, pois sempre fui muito caseiro. Nas festas da família, por ser o neto mais velho, buscava ajudar na organização de tudo e, assim, aos poucos, assumia a liderança em muitos momentos, sendo referência de trabalho.

Meu gosto pela música começou bem cedo. Muitas vezes vi meu pai cantar e tocar teclado, e isso me levou ao desejo de fazer o mesmo, e logo eu estava nas aulas de música, onde estudei toda partitura musical. Tive como companheira de sala minha avó Elita e juntos estudávamos. Posso dizer que ela foi uma grande incentivadora. Comecei a tocar em casamentos, festas, recepções e celebrações da família. Esse já era o carisma Canção Nova agindo na minha vida.

Como eu nunca gostei das coisas fáceis, queria trabalhar para ter meu dinheiro e comprar aquilo que eu gostaria. E, então, mesmo pequeno, já comecei a ter o desejo pela administração e pelos negócios. Quando ganhava um dinheiro, buscava reverter e dobrar aquilo comprando e vendendo alguma coisa.

Um fato muito interessante aconteceu comigo na época das férias. Tínhamos uma casa na praia de Camboinha onde todos os anos passávamos quase três meses de veraneio. Naquele tempo, realmente existiam as férias de fim de ano. Como eu ficava incomodado de passar todo aquele tempo sem fazer nada, tive a ideia de comprar uma chapa e fazer tapioca para vender. Falei para minha mãe e, como ela concordou, comecei a vender tapioca em frente à minha casa.

Meu Deus, aquilo foi uma loucura, pois toda minha família também passava esse tempo na praia, já que meu avô Adailton tinha uma casa com apartamentos ao lado, e todos os meus tios passavam as férias lá. Na época, meu avô era secretário de estado e estava se preparando para entrar no Tribunal de Contas da Paraíba. Agora, imagine eu, o neto de Dr. Adailton, vendendo tapioca. Foi uma loucura, mas também foi maravilhoso, pois muitos se envolveram. Eu nem imaginava que, anos depois, ao entrar na Canção Nova, eu iria vender muita tapioca na lanchonete da Comunidade. Realmente Deus sabe de tudo.

Posso dizer que nada me faltou: estudos, possibilidades, conhecimento, amor, pai, mãe, família presente, muitos amigos. Graças a Deus tive tudo.

Por falar em escola, quantas experiências maravilhosas eu tive na minha época de estudo. Paixões, decepções, buscando sempre ajudar o outro. Fui presidente de turma do ensino médio até a faculdade.

Lembro-me de que, quando entrei na Escola Técnica Federal da Paraíba, na qual meu avô Bráulio, por muitos anos, tinha sido coordenador de ensino e professor, meu pai, que também era professor de Educação Física, disse-me: "Meu filho, por favor, não se envolva no grêmio estudantil aqui, sou professor, não se meta nisso". Não adiantou, pois em menos de um mês eu já estava dentro do grêmio estudantil do curso de Eletrotécnica. Tudo isso era muito normal para mim.

A mesma coisa aconteceu na Universidade UNIPE. Entrei numa semana, e na outra seria a eleição do DCE, e logo eu estava dentro do Diretório Central dos Estudantes e do DA – Diretório Acadêmico de Administração, onde tive a graça de me formar. Realmente Deus sabe de tudo.

Nesse tempo, o gosto pela política foi crescendo e comecei a buscar meios de concretizar esse desejo que trazia dentro de mim.

Em meio a tudo isso, estava meu avô Adailton, homem que trago em meu coração e que, infelizmente, não conseguiu me ver padre, pois em junho de 2006 ele foi para a morada eterna. Meu avô foi meu grande apoiador para entrar na Canção Nova.

Como eu queria ter minha carteira de trabalho assinada, comecei a trabalhar como professor de Informática no Instituto Moderno, em Mamanguape, Paraíba, do qual meu avô e outras pessoas foram os idealizadores. Assim, comecei a me envolver na administração do colégio.

Foi assim que, em Mamanguape, a política foi entrando na minha vida e comecei a me relacionar com deputados, prefeitos e a coordenar campanhas eleitorais. Então, com apenas 19 anos, eu estava me preparando para uma eleição, pois via a possibilidade de concretizar o sonho que sempre tive: ajudar as pessoas e servir ao povo de Deus. Surgia, assim, o "Bruno Costa 2000, juventude e responsabilidade".

Meu Deus, quantas coisas vivi nesse tempo. Quantas pessoas envolvidas, amigos de faculdade, familiares, alunos. Era uma coisa que crescia e tudo na minha vida era o ano 2000. Nem imaginava que seria o ano jubilar e verdadeiramente o ano da grande mudança em minha vida.

Amados de Deus, estou tentando expressar aqui um pouco do meu testemunho, mas colocar em algumas linhas 40 anos de vida não é fácil. A certeza que tenho é que eu lutei muito para chegar aqui. A frase *lutar sempre, desistir jamais* está na minha essência há muito tempo. Não estou dizendo que sou um grande guerreiro, mas não posso deixar de escrever esta grande verdade: eu sempre lutei pelos meus ideais.

Sempre fui uma pessoa normal. Gostava de festas, namorar e dançar. Quando eu chegava às festas de interior, ninguém me segurava. Mas uma coisa posso dizer: sempre busquei respeitar minha família e meus amigos. Claro que, como jovem, errei muito, fiz várias escolhas mal feitas, não busquei a Deus como deveria, mas tenho a certeza de que tudo está nas mãos de Deus.

Por muitas vezes, escutava meus pais, que faziam parte do grupo de oração, falarem de oração em línguas, que Deus havia revelado algo, mas isso não me tocava muito. Mesmo indo à Missa dominical, eu era um cristão mais ou menos, se é que você me entende.

Então, entre os anos de 98 e 99, conheci um grupo de jovens que despertou meu coração. Jovens bonitos, felizes, lutando para serem santos e falando de uma tal Canção Nova. Comecei a me apaixonar. Quantas coisas vivemos juntos. Retiro em chácaras na Semana Santa, retiro de carnaval e tantas outras. O "Bruno Costa 2000" ainda estava muito vivo, mas confesso que começou a despertar em mim outros desejos.

Comecei a cantar no grupo de oração e logo estava na equipe de serviço. Como todos sabiam que eu gostava, e ainda gosto, de cozinhar, eu sempre ficava na equipe da cozinha.

✝

Jesus, então, com toda sabedoria, foi me pegando aos poucos. Lembro-me, como se fosse hoje, de quando uma grande amiga minha, irmã Marcella, chamou-me e disse: "Bruno, terá um encontro da Canção Nova em Gravatá-PE, vamos? Será dia 1 de maio. Raoni está organizando". O Raoni é outro grande amigo meu que, na época, era coordenador de um grupo de jovens.

E eu disse à Marcela: "Morena, dia 1 é Dia do Trabalhador, preciso fazer campanha. Não sabia que celebrávamos no dia 1 de maio São José Operário". Ela disse: "Vai ser bom, vamos rezar por sua campanha, quem estará lá é o padre Jonas, da Canção Nova".

Essa notícia me deixou bem motivado, pois já tinha visto algumas coisas do padre Jonas e sabia que ele era um grande pregador da Palavra e que tinha muitos dons. Logo imaginei conseguir falar com ele e pedir para ele rezar pela minha campanha. Podia até descobrir se eu seria eleito ou, até mesmo, se um dia eu seria presidente do Brasil. Graças a Deus pulei uma fogueira grande.

Foi assim que fui para Gravatá, no dia 1 de maio de 2000. Como Raoni não nos deixou ir de carro, fomos todos de ônibus. Lembro-me de que nem telefone celular podia levar. Naquela época, ter telefone celular era coisa de cinema, e eu tinha um Motorola PT 550 que parecia um tijolo.

Esse dia foi o divisor de águas na minha vida. Não tenho como expressar em palavras tudo o que eu vivi naquelas horas. Éramos uma multidão de pessoas. Confesso que, quando cheguei no lugar, tive vontade de ir embora, mas deixei Deus agir e fui dócil a tudo que Ele foi me conduzindo. Foi a maior experiência de Deus que tive até hoje. Lembro-me bem do momento em que o padre Jonas falava de vocação e chamado. Escutei concretamente Deus me chamar, e na mesma hora eu respondi: "Me leva, Senhor!".

Não tenho dúvidas ao dizer que o "Bruno Costa 2000" aconteceu em minha vida. Entrei em Gravatá, na casa de missão da Canção Nova, como candidato a vereador, em outubro do mesmo ano, e sai literalmente convicto que minha eleição não era para a terra, mas, sim, para o Céu. Assumi que queria ser padre.

FOI UMA MUDANÇA RADICAL NA MINHA VIDA

Não foi fácil, enfrentei muitas coisas, pessoas, pensamentos, estruturas, mas precisei ser fiel ao chamado de Deus. Muitos não acreditavam em mim, mas não parei nisso, pois Deus acreditou, Ele me chamou.

Sou grato aos meus pais Francisco e Izabel, que do mesmo jeito que me abençoaram para a vida pública, acolheram-me no chamado sacerdotal.

A eleição de 2000 aconteceu. Não fui candidato, mas coordenei a campanha de um grande amigo, Fábio Fernandes, que foi eleito prefeito da cidade. Passei a ocupar o gabinete da prefeitura com ele, mas disse que ficaria ali apenas um ano, pois tinha certeza do meu chamado.

O ano de 2001 foi um ano difícil demais, pois muitas vezes precisei proclamar, mas desistir jamais. Foi um ano no qual eu precisei fazer a diferença no mundo em que vivia. Já não era mais aquele Bruno Costa que todos conheciam, mas, sim, o Bruno Costa vocacionado à Comunidade Canção Nova e que tinha decidido pela vocação sacerdotal.

Posso dizer que partilhei com você minha história de salvação. Deus realmente me escolheu não pelas minhas capacidades, mas por escolha própria Dele. Ele foi me capacitando e tudo foi acontecendo em seu determinado momento.

No dia 5 de janeiro de 2002, deixei minha casa em João Pessoa, em meio às lágrimas, não de tristeza, mas por saber o que eu estava deixando. Lembro-me de que eu estava chorando na varanda do apartamento de meus pais e olhando para o horizonte. Meu pai e minha mãe, que estavam perto de mim, abraçaram-me e me disseram que se eu quisesse ficar ali por mais tempo, eu estava livre para decidir. Mas o choro que vinha de mim era a certeza do meu sim a Deus. Então, ao me despedir, falei que amava muito minha família e que eu não poderia negar o meu chamado, pois Deus realmente havia falado comigo.

Fui para o aeroporto em lágrimas. Ao chegar lá, para minha surpresa, estavam presentes muitos parentes e amigos. Meu Deus, como foi difícil abraçar cada um deles, cada história, vidas, lembranças, saudades, muitas saudades. Quando entrei na sala de embarque, estava com outro vocacionado à Canção Nova, olhei para ele e disse: "Não vamos olhar para trás, vamos para frente, pois a partir de agora há um novo tempo em nossa vida".

Entrei naquele avião aos prantos, mas firmei no propósito em Deus e cantei, como aprendi na Canção Nova: "Não dá mais pra voltar, o barco está em alto mar".

Assim celebro meus 40 anos de idade, meus 10 anos de sacerdócio e os 40 anos da Comunidade Canção Nova. Posso dizer que nasci junto com ela.

Nesse tempo de Comunidade, vivi muitas coisas: batalhas, alegrias, profecias que se cumpriram, outras que estou esperando. Nesse tempo, tenho tocado na grandeza do Amor de Deus. Quantas missões já passei, a quantos lugares já levei a Palavra. Quantas pessoas fazem hoje parte da minha vida.

Agradeço a Deus o sim do padre Jonas, meu pai espiritual. Obrigado, padre, por ter me levado a Jesus. Sou eternamente grato ao senhor por este lindo carisma, dou a vida pela Canção Nova.

Agradeço à Luzia e ao Eto. Deus sabe o amor e respeito que tenho por vocês. Agradeço a fidelidade ao carisma Canção Nova. Quero agradecer a todos meus irmãos da Comunidade. Como sou feliz por tudo que já vivemos juntos. Aos meus formadores, coordenadores, responsáveis.

Agradeço a cada colaborador da Fundação João Paulo II que faz parte desta linda história. Gratidão a você, família Canção Nova, aqui está o meu testemunho de vida, mas aqui também está o seu testemunho. A você que é sócio desta obra e que com sua ajuda mensal foi canal da providência na minha vocação sacerdotal.

Em apenas 10 anos de sacerdócio, posso dizer que me sinto realizado por tudo que já vivi, mas quero viver muito mais. Sinto-me tão pai, Deus sabe, paternidade sempre foi o forte dentro de mim.

Quero agradecer a cada filho espiritual pelo sim de cada um de vocês à Igreja, no carisma Canção Nova. Obrigado, filhos, por serem expressão concreta do Amor do Pai do Céu em minha vida. Vocês me ensinaram a ser um padre melhor. Gratidão por tudo.

Sei que temos muito ainda para partilhar. Quero, neste livro, expressar aquilo que vivo e vivi: lutar sempre, desistir jamais. Con-

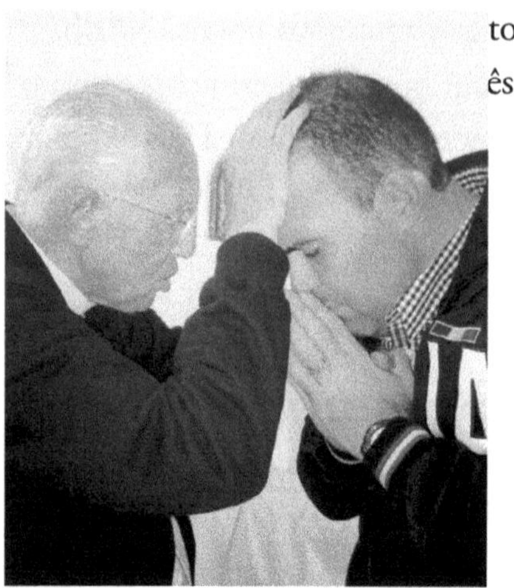

tos
ês.

Boné que comecei a distribuir na cidade.
Naquela época, podia fazer este tipo de propaganda eleitoral.

Apresentação

PAZ E BEM A toda família Canção Nova. Primeiramente, quero agradecer a Deus a oportunidade de estar escrevendo, ou melhor, testemunhando sobre meu filho, padre Bruno. Quero, por palavras, expressar, na apresentação deste livro, a caminhada deste homem de Deus e dizer para cada um de vocês que realmente o *lutar sempre, desistir jamais* sempre fez parte da vida do meu filho. Vamos, então, voltar a alguns anos da vida do padre, pois assim você entenderá um pouco da vida deste homem.

Com muita alegria, com apenas 20 anos, recebi a notícia da minha gravidez. A partir daí foram meses de ansiedade, pois, há 40 anos, não se fazia ultrassom, já que isso era artigo de luxo. Gestar um filho era mesmo uma verdadeira prova de fé e espera em Deus, pedindo a Ele para que nascesse com saúde.

Em janeiro de 1978, no dia 18, meu primogênito deu sinal de que estava pronto para vir ao mundo, e às 12h40min, nasceu meu príncipe, menino lindo, gordinho, que recebeu o nome de Bruno, primeiro neto homem de ambas as famílias Pinto e Costa. Ao vê-lo pela primeira vez, meu coração explodiu de alegria e felicidade.

Menino alegre, que cresceu com um sorriso sempre no rosto. Desde pequeno, sempre foi preocupado em ajudar e resolver a vida das pessoas. Lembro-me de um momento em que, com apenas 8 anos, quando estudava no IPEP (Instituto Epitácio Pessoa), ao chegar para apanhá-lo, encontrei-o no pátio, no centro de vários amigos. Então perguntei-lhe o que estava acontecendo, e ele, muito sério, disse-me que havia sido escolhido para representar sua turma e resolver o problema de um amigo, e assim falaria por todos. Ali começou sua carreira política. Naquele tempo, não entendi assim, mas com tudo que aconteceu em sua vida, hoje posso afirmar isso.

Criamos nossos filhos dentro dos princípios religiosos, participando sempre das Missas e partilhando da Palavra, mostrando o poder da oração e do amor a Deus. Aos 10 anos, Bruno participou, pela primeira vez, da mesa eucarística.

Ainda menino, demonstrou sua aptidão para música, gostava de cantar e aprendeu a tocar teclado sozinho. Então o colocamos para estudar em uma escola, e logo ele já estava tocando em casamentos, missas e festas.

Aos 14 anos, começou a ensinar Informática no Colégio Instituto Moderno, na cidade de Mamanguape-Paraíba, que pertencia ao seu avô paterno Adailton Coelho Costa, de quem herdou o interesse pela política, introduzindo-o nesse meio com o sonho de ver o neto prefeito desta cidade. Assim, trabalhando no colégio e acompanhando seu avô, que vivia dentro da política do estado, começou a se interessar cada vez mais, deixando aflorar em sua vida esse desejo que já habitava em seu coração.

Chegou ao ensinou médio, onde participou do grêmio estudantil, e, ao chegar à universidade, entrou logo no centro acadêmico.

Inúmeras foram as tentativas de fazê-lo desistir de tais movimentos, mas, sempre insistente e objetivo, nunca desistiu de seus sonhos. A política fervia em suas veias e a cada dia ele se aproximava mais dos caminhos da política partidária.

Aos 20 anos, voltando de uma festa junina, na cidade de Mamanguape, informou-nos de que havia alugado uma casa na cidade, condição necessária para o domicílio eleitoral, feito filiação em um partido político e que seria candidato a vereador. Até o *slogan* já estava pronto: "Bruno Costa 2000 – Juventude e Responsabilidade". O que fazer? Nossa primeira atitude foi questioná-lo: sua decisão, sua faculdade, os perigos da política, entre outras questões, mas, para tudo, havia uma resposta perfeita, só nos restava apoiá-lo e pedir que não deixasse de concluir seus estudos.

No decorrer desse ano, montamos a casa na cidade, pedindo a Deus que o protegesse e iluminasse nessa fase de sua vida. Chegado o dia de ir morar fora, entreguei para ele uma Bíblia e pedi que rezasse sempre a oração Armadura do Cristão, Efésios 6,10-20, oração forte para sua proteção e para livrá-lo de todos os perigos que a política representava. Sua caminhada prosseguia com muito trabalho e participação em eventos.

Participante de um grupo de oração do EJC, da Paróquia Nossa Senhora das Neves, foi convidado por seus amigos a participar de um encontro na Canção Nova de Gravatá, em Pernambuco, que aconteceu no fim de abril e começo de maio de 2000. Então ele foi, por insistência de seus amigos, mas muito preocupado, pois esse era o ano da eleição. Mas, mesmo assim, foi dócil ao Espírito Santo, que agia em seu coração.

No último dia do acampamento, 1 de maio de 2000, durante uma pregação do então padre Jonas Abib, o mesmo proclamou que havia um jovem que tinha sido eleito não para a terra, e sim para o Céu. Bruno ficou atônito, incrédulo e se perguntava: será eu? E o padre continuava a falar: é você. Ele se levantou e, diante de tantos jovens, ouviu o chamado. Seus amigos são suas testemunhas.

Ao retornar para casa, chegando emocionado e chorando, porém com alegria em seu semblante, falou-nos que seria padre. Imagina a minha surpresa. Ficamos perplexos, porém, de imediato, perguntamos: é isso que você quer? Tem certeza? E ele, com um brilho no olhar e com toda convicção, disse que sim. Então, só nos restava abençoá-lo e dizer-lhe: vá, siga seu chamado, mas lembre-se, caso na caminhada você perceber que não é o que você quer, volte, pois sua casa sempre estará aberta para você, mas que você seja um padre santo.

Muitos não acreditaram, muitas foram as perguntas, mas nunca duvidei, pois vi em seu olhar o brilho do amor a Deus. Foram muitos momentos difíceis, mas ele nunca desanimou.

Agradeço a Deus por ter me dado filhos maravilhosos, pois, além do padre Bruno, tenho Adailton e Isabelle, que me presentearam com verdadeiros tesouros, meus netos Ester, Leandro Filho, Sophia e Gabriel, que já se encontra no ventre de sua mãe. Obrigada, Senhor.

Posso terminar dizendo que este livro é fruto de sua missão concretamente. Há mais de dezesseis anos, meu filho saiu de casa e foi para a Canção Nova. Por todas as missões pelas quais passou, tenho certeza que o rastro de coragem e lutas ele deixou.

Acompanhei seus sete anos de missão em Mato Grosso, lugar pelo qual tenho um grande carinho, pois aquele povo realmente amou meu filho. Durante seu tempo na missão de Cuiabá, vi quanto o seu sacerdócio cresceu e a força que Deus foi dando a ele. Posso falar que seus 10 anos de sacerdócio estão firmados neste livro. Lutar sempre, e sempre mesmo.

Sou grata a Deus por tudo que vivi com o padre Bruno, meu filho. Hoje tenho uma linda família espiritual.

Falei que tenho 2 filhos e 4 netos, mas não posso esquecer que, com a vocação do padre, passei a ser mãe e avó de muitos, pois o ser irmão do padre é muito forte, porém o seu ser pai é maior ainda, pois com este seu dom ele me deu muitos filhos e netos espirituais.

Agradeço a Deus, todos os dias de minha vida, por esta bênção que ele me deu. Obrigada, padre Bruno, pelo seu sim, por ter sido dócil ao chamado do Senhor. Que o Senhor o abençoe sempre em sua missão.

Te amo.
Sua mãe,
Izabel Cristina Veloso Pinto

Histórias de um chamado

NESTE CAPÍTULO, QUERO TRAZER para você alguns testemunhos. Creio que ainda não estão concluídos, pois eles têm muitas coisas para serem vividas e trabalhadas. E tenho a certeza de que todos eles possuem muita Esperança.

TESTEMUNHO MARCELLA COSTA

Primeiramente, quero agradecer a Deus a linda oportunidade de poder partilhar com cada leitor, ou melhor, com cada amigo da Canção Nova a história de vida deste grande amigo, irmão, pai que tanto amo. Falar do padre Bruno é voltar há mais de 20 anos e ver o caminho de Deus em nossa vida. Conheci o padre Bruno em 1999, na Universidade UNIPE. Éramos estudantes de Administração de Empresa. Conheci ele em um dos anos mais difíceis da minha vida, senão o mais difícil.

Recém-separada, dezenove anos, uma filha de três anos, um curso, um trabalho e muitas coisas interrompidas. Nesse ano, perdi um período na faculdade e acabei caindo de paraquedas na turma dele, Bruno Pinto Costa, alguém que, a partir daquele momento, passou a ter uma enorme importância na minha vida, alguém que ficou do meu lado o tempo todo, cuidando de mim, segurando comigo as tantas barras que precisei enfrentar, alguém que me disse que fui canal da graça do Senhor em sua vida, alguém que, desde então, esteve nas minhas melhores lembranças e escolhas e também nos meus maiores tombos e desafios.

Junto com ele, vivenciei importantes momentos de sua vida, bons e ruins, pude estar em sua casa junto à sua família, pessoas que hoje também fazem parte da minha. No ano 2000, a mudança aconteceu em sua vida, em um dos nossos muitos momentos na presença do Senhor. Ele sentiu o chamado, sentiu-se amado como nunca e, desde então, vem sendo luz na vida de tantos que, assim como eu, têm o privilégio de ter a sua amizade.

Quando ele foi embora para Cachoeira Paulista, para seguir o caminho que Deus havia escolhido para ele, imatura, achei que eu fosse morrer, não suportava pensar que iria perdê-lo de vista, a sua presença física, o seu abraço, o seu ser pai sempre tão vivo e presente. Cuidava de mim como filha, com zelo e muito amor. São quase vinte anos de uma amizade linda, verdadeira e cheia de fé. Somos conectados. Há dias que acordo e me deparo com uma mensagem dele falando exatamente o que eu preciso ouvir, e isso, para mim, é Deus e os Seus sinais de amor.

*Um amigo, um irmão. Padre Bruno, obrigada pelo seu SIM. Posso testemunhar que o **lutar sempre, desistir jamais** faz parte da sua essência. Com você vi muitos desafios, mas não posso negar que você traz em seu coração o desejo de acertar e servir a Deus. Estar perto de você me dá força e ânimo, vontade de ser melhor e seguir Jesus. Obrigada, amigo. Obrigada por ter me ensinado com a sua vida o que é* ser de Deus. Obrigada por fazer parte desta linda história de amor e salvação. Te amo.

TESTEMUNHO ÂNGELA GADELHA

"Não dá mais para voltar, o barco está em alto mar..."
O dia 1 de maio de 2000 foi um dia muito especial para quatro jovens – Alberto, Ângela, Bruno e Rosa Camila. Divisor de águas para um grande amigo irmão, que nesse dia sentiu um chamado profundo. Fomos marcados com essa canção e pelo chamado profético através do Monsenhor Jonas Abib, e a partir daí percebi e aprendi a profundeza de uma vocação na vida deste homem, padre Bruno Costa. Ele não olhou mais para trás e seguiu fortemente impulsionado pelo Amor de Deus, que é chama viva em seu ser. E quando chegamos perto dele, podemos sentir, e ao ouvi-lo pregar, percebemos esta escolha e este chamado de viver tudo pela missão, não poderia ser diferente, pois ele é uma pessoa determinada e perseverante naquilo que acredita, e com a graça do Espírito Santo, isso se multiplica e contagia todos aqueles que convivem e têm a oportunidade de experimentar esse transbordamento de um chamado, do seu SIM, onde deixou seus sonhos de ser político e pai de família para se doar, sonhar o sonho de Deus e salvar almas.

Meu amigo irmão padre Bruno, é com muita satisfação que recebi este convite de falar sobre você e sobre o dia em que você foi desafiador e destemido. Você seguiu os caminhos de Jesus, e hoje o nosso bom pastor Jesus Cristo lhe confia muito mais, permuta reinos por você e lhe deu uma grande missão e a família Canção Nova. Parabéns pelos 10 anos de sacerdócio.

Nós, Ângela, Ricardo e Sara, fazemos parte deste cacho com grande amor.

Testemunho Raoni

Que bom poder falar de Bruno. Conheci Bruno Pinto Costa, estudante de administração, com atuação na política estudantil e partidária, no município do interior paraibano. Eu, coordenador do círculo de Encontro de Jovens com Cristo, da Paróquia Nossa Senhora das Neves, decidi realizar um retiro entre dois círculos: "Luz da Vida" (do qual eu era o coordenador) e "Renovação" (que era coordenado por Agnes e Inês e do qual minha futura esposa, Millena, amiga de infância de Bruno, participava). Esse retiro foi em Lagoa Seca, no sítio de uma amiga em comum, Marcella. Bruno, que possuía diversas habilidades, foi convidado para ajudar na cozinha. Dias intensos de oração, e o Senhor já preparava este coração bondoso, verdadeiro, brincalhão para águas mais profundas.

A Canção Nova sempre contribuiu de forma decisiva em minha vida, na formação e transformação da minha caminhada. Fundamos amigos da Canção Nova, realizamos diversas atividades e eventos aqui em João Pessoa para ajudarmos o projeto Dai-me Almas e nunca imaginaríamos que seria a casa de alguns de nossos irmãos paraibanos, em especial, de Bruno. Pois, quem olhava para Bruno, que gostava de uma "farra" entre amigos, de dançar forró, pronto para uma campanha eleitoral no ano de 2000 e que já tinha slogan e grupos de meninas denominadas BRUNETES, não imaginava o que Deus faria em sua vida. Porém Deus tem o controle de tudo.

Diante do que estávamos vivendo no ano 2000, de encontros e grupos, fui tocado por Deus a fazer uma excursão de João Pessoa para Gravatá, e juntei os amigos que estavam nesses círculos e tantos outros que já caminhavam na fé para vivenciarmos o dia 1 de maio de 2000, onde estaria o fundador da Canção Nova, padre Jonas Abib.

Fomos em um ônibus, todos juntos. O rincão em Gravatá estava lotado, pois celebrávamos os 5 anos da Rádio Canção Nova em Gavatá. Não tinha cadeira para sentar, e então sentamos em tijolos, nos pés de cada um, espremidos em meio à multidão. E o encontro foi acontecendo num calor enorme do nosso Nordeste, e Bruno, como era o mais "gordinho" (sendo generoso), já estava pingando de suor, mas o Senhor estava nos reservando surpresas. Foi um dia muito especial para todos nós. Vimos Deus concretamente naquele dia na entrega de Bruno.

Havíamos combinado, por conta do horário de retorno para João Pessoa, de ficarmos na frente do portão para a bênção final, pois era uma multidão de pessoas e íamos pegar um trânsito grande para o nosso retorno. Conforme combinado, fui levando todos para o ônibus, e para minha surpresa, quando vi, faltavam Rosinha, Ângela, Alberto e Bruno, que, a partir desse dia, passou a ser chamado de Bruno Amém, porque tudo que ele dizia terminava com Amém, Senhor.

Fui procurá-los e finalmente encontrei-os no meio do rincão, abraçados, pingando de lágrimas, soluçando de tanto chorarem, cantando a música "Te amo, és precioso, Teu nome gravado está em minhas mãos", e gritando: "ME, LEVA SENHOR; ME LEVA, SENHOR." Como foi difícil tirar este futuro sacerdote do altar de Deus, foi uma entrega, um SIM sem olhar para trás, um VERDADEIRO EIS-ME AQUI!

✝

De fato, o Senhor o levou para águas mais profundas, e hoje enxergamos todos os dias a renovação do seu primeiro sim naquele 1 de maio de 2000.

Hoje sigo a vocação que um dia o Bruno imaginou seguir, busco no sacerdote o exemplo vivo de doação para seguir esta missão de conduzir-me fielmente ao que Jesus ensinou. Posso testemunhar que olhar para o padre Bruno é olhar para um homem que nunca desiste de acreditar que Deus tudo pode. Já vi muitas lágrimas dele, já vi muitas batalhas, mas sempre escutei dele essa frase: lutar sempre, desistir jamais. Vamos para vencer. Isso, para mim, é bálsamo de Deus. Vejo, na vocação do padre Bruno, a concretização de um homem que se deixou ser moldado por Deus e que luta para fazer a diferença. Padre Bruno é o AMÉM DE DEUS para muitas vidas. Amém, Senhor! Obrigado, padre, pelo sim deste sacerdote.

TESTEMUNHO ALBERTO FERREIRA

Uma história guardada no peito.

Meu nome é Alberto Jorge Souto Ferreira e nasci em João Pessoa, no estado da Paraíba. Sou casado com Anny Karine e pai de dois filhos, Matheus Augusto, afilhado do meu amigo Bruno Pinto Costa, e Maria Luiza, batizada pelo padre Bruno. Agora, espero meu terceiro filho, que com a graça de Deus virá ao mundo, uma menina que se chamará Ana Teresa, que espero também ser batizada pelo nosso querido padre Bruno Costa.

Simples é falar de amor na presença viva do Espírito Santo de Deus, e assim foi como se desenvolveu minha fraternidade com o meu irmão, hoje o então padre Bruno.

O início de tudo se deu em um retiro na cidade de Lagoa Seca, no interior da Paraíba, no final do ano de 1998, organizado por nosso amigo em comum Raoni Mendes. Nesse retiro, eu conheci o gordão Bruno Amém, e ele conheceu o gordinho Albertinho, que sou eu.

Naquele retiro de Lagoa Seca, no qual conheci o meu amigo "Bruno Amém", não foi amizade à primeira vista, já que existiam muitas diferenças entre nós. Confesso que no início do retiro fiquei um pouco com o pé atrás com ele, pois tudo dele era Amém, Jesus. O tal "Bruno Amém" era o cozinheiro do retiro, e a todo instante gritava por qualquer coisa: "AMÉM, JESUS. AMÉM, JESUS".

No pouco Espírito Santo que habitava em mim, naquele início de caminhada, decidi ajudar o "Bruno Amém" na cozinha, procurando, dessa forma, conhecê-lo melhor, e desse hilário começo nasceu uma bonita história de amor fraterno, de irmãos.

Superadas as diferenças entre nós, pois eu vivia muita coisa do mundo, e Bruno, mesmo com o desejo da política, já estava se entregando ao Senhor, nos tornamos uma dupla de gordinhos bem atuantes de todas as formas, dispostos a tudo que envolvesse o trabalho por Jesus, em especial, o Encontro de Jovens com Cristo da Paróquia Nossa Senhora das Neves (EJC Neves). Também começamos a trabalhar juntos na minha agência de publicidade e propaganda que eu tinha naquela época. Começamos também a preparar a campanha do Bruno Costa 2000. Tudo isso aconteceu no final de 1998, durante todo o ano de 1999, até o início do ano 2000.

No ano jubilar de 2000, Bruno iniciou o ano definido em sua vida, pronto para a sua candidatura por uma juventude responsável, o Bruno Costa 2000, vereador de Mamanguape, cidade do interior do Estado da Paraíba.

Não sabia o próprio Bruno, muito menos eu, que o ano 2000 reservava uma nova vida e um novo tempo para o Bruno Costa 2000, mais precisamente em primeiro de maio daquele mesmo ano, o qual participamos do aniversário da Rádio Canção Nova de Gravatá, Pernambuco.

Aquele aniversário foi um dia de espiritualidade organizada pela Canção Nova de Gravatá, conduzido pelo padre Jonas Abib, e naquela celebração, depois de um dia tumultuado de oração, eis que eu perco o meu amigo Bruno Costa ou Bruno Amém, como queiram, e começo a ganhar, para o meu bem e da santa Igreja, o padre Bruno da Canção Nova.

Naquele dia, o padre Bruno não deixou, milagrosamente, de ser o meu amigo Bruno Costa, enfrentamos ainda no ano de 2000 muitas provações, problemas familiares, problemas de saúde, dificuldades para nos mantermos nos caminhos da igreja, problemas financeiros, e o Bruno tinha que zerar tudo, se quisesse ser padre da Canção Nova.

Assim, Bruno e eu fomos trabalhar para desarticular a vontade secular de muitos que insistiam na vida pública do Bruno Costa e naquilo que eu podia, ajudando com a amizade, com o empenho em defender as suas ideias, e, dessa forma, foi amadurecendo, entre idas e vindas a Gravatá, o ingresso de Bruno na Canção Nova.

Não foi fácil, insisto, sofremos perseguições até mesmo dentro de nossa casa, mas sempre tínhamos um olhar de esperança. Quantas vezes Bruno olhou para mim e disse: vamos vencer. Assim, nossa amizade vivia a cada dia mil anos, e mil anos eram vividos a cada dia.

Foi tudo muito intenso, do Bruno Amém se misturando com o Bruno Costa 2000, com a luta para manter viva a vocação do padre Bruno, até a sua entrada na Canção Nova. Sofremos, choramos, sorrimos, experimentamos tentações horríveis, superamos nossos próprios limites, mas tínhamos uma frase que o padre Bruno sempre fez questão de repetir por inúmeras vezes, dada a minha fragilidade na fé: "Em tudo dai graças, meu amigo; até nas coisas ruins, dai graças a Deus".

Dito isso, espero que todos entendam o quão normal e ordinário foi o meu amigo padre Bruno. Assim, digo a ele, em primeiro lugar: nunca perdi o meu amigo Bruno Amém nem nunca esquecerei o Bruno Costa 2000, mas louvado seja Deus que a face da terra tenha ganhado o nosso padre Bruno Pinto Costa, "o Padre Bruno da Canção Nova".

Posso dizer, com toda certeza, que conheço Bruno há mais de 20 anos e o lutar sempre, desistir jamais sempre fez parte de sua essência. Desde sempre, na sua vida sacerdotal, ele já mostrava o desejo de ajudar. Posso dizer: sou grato a Deus pelo amigo irmão que tenho. Seu sacerdócio é obra admirável aos nossos olhos.

Obrigado, Padre Bruno. Obrigado, Bruno Amém.

Testemunho Rosa Camila

O que falar desse dia tão especial e único na minha vida e na vida dos meus amados irmãos, Bruno, Alberto e Ângela. Fazia apenas cinco meses que minha mãe tinha falecido, e eu estava muito ansiosa para conhecer padre Jonas, pois durante a doença da minha mãe, que faleceu de um câncer de pâncreas, eu pude conhecer a Deus e a Canção Nova, que me ajudou muito e fez parte da minha conversão.

No ano de 1999, não me recordo bem do mês, o padre Jonas esteve no estádio Almeidão, na minha cidade, para lançar a retransmissora da Canção Nova, e Ângela me levou para lá, mas não consegui ficar até o fim, porque minha mãe passou mal e precisei voltar para casa para cuidar dela. Lembro que saí no meio do testemunho do padre Jonas, naquele momento meu coração apertou, porque eu queria muito ouvi-lo e pensei assim: um dia eu ainda irei ouvir esse padre pregar novamente, mas agora preciso ir, porque minha mãe está precisando de mim. E fui com esse sonho guardado no meu coração.

Até que no ano seguinte, Ângela me falou que padre Jonas iria estar em Gravatá, no dia 1 de maio, e perguntou se eu gostaria de ir com Raoni, que estava organizando um ônibus. Na mesma hora falei que sim e lembrei-me do sonho de poder ver e ouvir aquele padre que tanto tinha tocado meu coração. Estava radiante com a possibilidade de ver o padre Jonas, e nesse meio termo Raoni e Ângela me falaram que eu iria adorar conhecer dois amigos novos deles, que eram o padre Bruno e o Alberto. Lembro-me demais do padre Bruno chegando na frente da casa de um amigo nosso no seu fusquinha azul, todo arrumado e cheio de graça. Ele já me cativou desde a chegada, e logo depois fomos juntos no ônibus até Gravatá.

Durante o trajeto, de quase três horas, fui contando para ele meu testemunho e o porquê de estar indo ver o padre Jonas, e ele começou a me contar a história dele, que seria candidato a vereador, da campanha e que estava indo pedir a Deus que abençoasse sua trajetória política. Falou-me também que não sabia direito quem era o padre Jonas, muito menos a Canção Nova, mas que Raoni tinha convidado ele para ir, e ele aceitou.

Então nos aproximamos e acabamos ficando juntos no Rincão, que estava simplesmente lotado. Na hora do intervalo para o almoço, Alberto e Bruno resolveram ir à cidade almoçar, e Ângela e eu ficamos com medo de eles desistirem de voltar para o Rincão depois do almoço, então ficamos na porta do Rincão rezando o terço para que os dois voltassem para a Missa. Graças a Deus e à intercessão de Maria, eles voltaram e fomos tentar encontrar um lugar para assistirmos à Missa.

Padre Bruno encontrou um lugar apertado ao lado de uma das pilastras do Rincão (acho que a terceira da direita para a esquerda) e propôs que ficássemos lá e que, ao final da Missa, a gente procurasse o Raoni para voltarmos para João Pessoa.

No decorrer da Santa Missa, padre Jonas foi canal de muitas graças para nós quatro. Ele foi um verdadeiro profeta naquele dia em nossa vida e ficamos tomados pela unção do Espírito Santo, que só nos fazia rezar, mal olhávamos de lado, só tínhamos olhos e ouvidos para Jesus, que estava falando por meio do padre Jonas. Lembro-me de ter ouvido a profecia para um jovem que teria sua vocação realizada no sacerdócio, mas jamais imaginei que esse jovem estava ao meu lado e que seria o padre Bruno, pois tinha certeza que ele seria o vereador Bruno Costa 2000, mas Deus já estava realizando Sua obra no coração do padre, e eu não sabia.

Chegou a hora da comunhão e fomos comungar, nós quatro, um atrás do outro, emocionados, com lágrimas nos olhos e sedentos do Amor de Deus. Recebemos Jesus e nos prostramos em oração, padre Bruno ficou ao lado da pilastra novamente e agarrou-se a ela. Alberto ficou ao seu lado de joelhos, e Ângela e eu ficamos um pouco mais atrás, prostradas também, e nessa hora ouvíamos apenas a música, o padre Jonas continuou conduzindo uma oração e houve muito choro entre nós quatro.

Tenho certeza que nesse momento nós conseguimos viver e sentir um pouco do Céu na terra, com certeza foi a comunhão mais especial da minha vida e, acredito, foi também a mais especial e transformadora para o padre Bruno.

Em algum momento só conseguia ouvir ele gritando: "Me leva, Senhor! Eu te amo, Jesus. Me leva! Sou teu!". E repetia isso várias vezes. Até que Raoni conseguiu nos encontrar e, brigando com a gente, dizia para irmos para o ônibus, pois o motorista queria sair antes da multidão. Lembro-me de que saímos de mãos dadas, um olhando para o rosto do outro e ainda em júbilo e com lágrimas nos olhos, só queríamos poder parar para partilhar todas as graças que tinham acontecido naquela hora em nosso coração.

Ao chegarmos no ônibus, todos já estavam lá nos esperando, e nós sentamos próximos uns dos outros, eu ao lado do padre, e Ângela ao lado de Alberto, e passamos a viagem inteira da volta partilhando a obra que Deus tinha realizado. Chamamos Raoni para ouvir, e ele ficou sem acreditar nas palavras que padre Bruno dizia para ele sobre não ser mais político, e sim exercer uma missão e uma vocação de outra forma, que ele ainda não estava entendendo direito, mas que era a de ser padre na Canção Nova. A partir desse dia, padre Bruno sabia que não dava mais para voltar, que o barco estava em alto mar e que o vento forte era o Amor de Deus que iria impulsioná-lo na missão que Ele tinha reservado para ele: ser padre!

Sou muito grata a Deus por ter vivido esse momento ao lado do padre Bruno, pois hoje posso testemunhar em todas suas obras e missões pelo Brasil e pelo mundo essa poderosa vocação. Que Deus continue a impulsioná-lo e abençoá-lo na missão de evangelizar, pregando e cantando uma linda canção! Amo você para sempre!

A nossa força e a nossa vitória estão em Jesus

Como é bom, como é agradável cantar este salmo: "Do coração atribulado está perto o Senhor". Porque ele é nossa força e vitória. Ele é realmente Aquele que está sempre conosco. Se o seu coração anda atribulado, dê glória a Deus!

Amados, o Salmo 33 traz uma grande verdade do que é ser seguidor de Cristo. Muitos dizem que são de Cristo, e dizer que é de Cristo é fácil, mas seguir a Cristo e assumir a cruz é um desafio.

O Salmo nos diz que do coração atribulado Ele está perto. Então, se o seu coração está atribulado, glória a Deus, pois o Senhor está perto e conforta os de espírito abatido. Muitos males se abatem sobre os justos, mas o Senhor diz na Palavra que de todos Ele o liberta.

Esse Salmo é uma palavra de ordem para nós, para vivermos verdadeiramente o que é ser homem e mulher sarados de corpo e alma para enfrentar as lutas do dia a dia, para viver a dimensão das perseguições que nos são apresentadas.

Se você é cristão, você vive perseguição. Se você é cristão e segue a Cristo, você passa por tribulação. Aquele que vive a justiça em Deus está sempre, e precisa estar, de olhos abertos, porque os ímpios estão sempre querendo persegui-lo e tirar a sua paz: "Armemos ciladas aos justos porque sua presença nos incomoda".

Será que sua presença como cristão, como homem que busca a santidade, como mulher que busca a santidade, tem incomodado as pessoas que estão ao seu lado? Será que eu tenho incomodado as pessoas pela minha determinação em ser de Deus ou eu estou entrando naquilo que o mundo tanto quer? Será que eu faço a diferença ou eu tenho entrado em meio à maré?

Nós somos convidados a ser contra a maré. Somos convidados a lutar contra os prazeres que o mundo oferece. Será que a minha vida, a minha busca pela santidade, tem incomodado as pessoas? Se não está incomodando, eu preciso rever o meu ser cristão, porque a minha atitude como homem de Deus precisa incomodar as pessoas. A Palavra de Deus diz: "Se de fato o justo é filho de Deus, Deus o defenderá e o livrará das mãos dos seus inimigos".

Eu já falei muitas vezes e repito: aquele que nega o inimigo, que não acredita, também não acredita no próprio Deus, pois o inimigo de Deus existe, só que ele não tem poder sobre nós. Ele é um derrotado e você é um vencedor. Você pode até dizer: "Ah, não é tanto assim, padre, é exagero; isso é loucura do padre Bruno, do Monsenhor Jonas, da Renovação Carismática; isso é loucura da Canção Nova". Não é loucura, mas pura verdade. Precisamos de conversão.

Dê uma brecha, vacile um segundo, e você verá como o inimigo entra na sua vida e estraga a sua juventude, a sua família. A Palavra de Deus diz: "Se de fato o justo é filho de Deus, Deus o defenderá".

O mundo quer imprimir muitas falsas verdades, e nós somos convidados, na determinação da nossa vida, a viver esse combate. O livro da Sabedoria diz: "Vamos pô-los a prova com ofensas e torturas para ver sua serenidade e provar sua paciência, vamos condená-los à morte vergonhosa, porque, de acordo com suas palavras, virá alguém em seu socorro". Tais são os pensamentos dos ímpios, mas é maravilhoso quando diz: "Mas enganam-se, enganam-se, pois a malícia os torna cegos, não conhecem o segredo de Deus, não esperam recompensa para santidade e não dão valor ao prêmio reservado à vida pura".

Deixe-se ser conduzido e entre nessa batalha contra o mal, que acontece a cada segundo, a cada milésimo. Nós temos que lutar contra o mal para o combatermos a cada dia. A Palavra do Senhor diz: "A nossa luta não é contra homens de carne e sangue, mas contra os principados e potestades desse mundo".

Nós conhecemos a Palavra, porém temos que colocá-la em prática e nos determinarmos a vivenciá-la, ao ponto de incomodar as pessoas que estão ao nosso lado com a nossa busca pela santidade, e não com a nossa ofensa nem achando que nós somos os melhores. Não devemos ficar dizendo: "Ah, porque eu rezo, porque eu faço isso ou aquilo!". Não, não é esse o modo pelo qual devemos incomodar, mas é o incomodar da luz que você e eu precisamos ser. Jesus disse: "Eu sou a luz do mundo, quem me segui não andará nas trevas". Então, se Ele é a luz do mundo e nós somos filhos de Deus, nós também precisamos ser luz.

É esse incomodar da luz que nós somos convidados a transmitir ao mundo. Meus irmãos, por onde passarmos, o ar de santidade e o desejo de Deus precisam também passar. Precisamos ter o CHEIRO

DE DEUS. Precisamos mostrar com a nossa própria vida que nossa força e vitória estão em Jesus.

Ser cristão é fácil, mas ser discípulo é um desafio. É tempo de decisão. Lembro-me do ano em que o nosso querido papa emérito Bento XVI decretou o Ano da Fé. Como foi forte aquele ano, quantas coisas vivi naquele tempo. Nós precisamos atualizar todos os dias a nossa fé. Por várias vezes, quando eu estava na missão de Cuiabá, falava que o Ano da Fé seria o ano do aperto. Meu Deus, e como foi.

Não podemos ceder, precisamos voltar a apertar e alinhar nossa vida de oração. É tempo de decisão, é tempo de vestir a camisa que expressa o nosso desejo de Deus, é tempo de vestir a camisa da santidade e mostrar para o mundo o que é ser discípulo e levar a Palavra com ousadia, com determinação. Esse é o desafio.

Não quero que este livro seja mais um na sua vida. Peço que ele seja o seu divisor de águas. LUTAR SEMPRE, DESISTIR JAMAIS precisa ser o nosso grito em meio a todas as nossas lutas e batalhas, pois ainda há esperança. Eu creio, e você?

Tem uma música, muito antiga na Igreja, mas tão atual, de que eu gosto muito: "Dessa vez é pra valer, dessa vez é pra valer". Realmente, dessa vez, precisa ser pra valer. Viver é bom, é maravilhoso, mas viver com Cristo é uma reflexão diária que devemos fazer.

Neste primeiro capítulo, quero pedir que seja impregnada no seu coração e no meu essa certeza: precisamos lutar sempre, não vamos baixar a cabeça, vamos combater esse bom combate e pedir forças ao Senhor para lutar contra o mal. A perseguição contra os profetas e os defensores do povo é uma constante ao longo da história de toda salvação. Se nós lermos o Antigo e o Novo Testamento, veremos diversas lutas, combates e perseguições. É isso o que nos espera. A Palavra diz: "No mundo havereis de ter tribulações".

Eu não sei em qual contexto a Eliana Ribeiro fez a música *Força e vitória*, mas, com certeza, foi em um momento de tribulação. É assim que as coisas saem de nós. É assim que a Canção Nova sobrevive há mais de 40 anos. No momento em que a gente pensa que está tudo perdido, a graça vem, porque Deus nos surpreende e manifesta o Seu poder quando o nosso coração está aberto, mesmo que as tribulações aconteçam. Como diz o Salmo: "Seus ossos Ele guarda e protege, e nenhum deles haverá de quebrar, mas o Senhor liberta a vida dos seus servos, e castigado não será quem Nele espera".

Eu não sei em quem você está colocando a sua esperança. O mundo em que vivemos tem colocado a esperança em muitas coisas – no poder e no ter –, mas se esquece de esperar Naquele que realmente pode fazer acontecer, pois esqueceram que a nossa esperança está no nome do Senhor, que fez o céu e a terra.

Eu me lembro muito bem de quando fui morar sozinho na cidade de Mamanguape, na Paraíba, quando, no ano de 1998, eu pensava que minha vida seria na política. A minha mãe queria me dar um monte de coisa, mas ela me disse assim: "Vou te dar apenas uma coisa, vou te dar a Bíblia marcada só com esse texto, leia, somente isso". E eu disse: "Ah, mãe, vou lê isso não". Na época, eu nem imaginava ser padre, ser Canção Nova. Mas ela marcou e me pediu como mãe: "Filho, leia todos os dias esta passagem: Efésios 6". Meu Deus, já faz um bom tempo, ou melhor, mais de 20 anos, e vejo que essa passagem realmente se tornou um marco na minha vida. Peço a Deus a graça de, toda vez que eu proclamar, fazer viva essa Palavra na minha vida, porque aqui está literalmente o entendimento da luta que nós travamos contra o mal.

Padre Ruffus, grande sacerdote exorcista, dizia que se nós enxergássemos por alguns milésimos de segundos aquilo que é a luta espiritual, a batalha contra o bem e o mal, nós preferiríamos viver o resto da vida cegos.

Nós não sabemos a dimensão da luta que travamos diariamente, e, por isso, muitas vezes, fazemos o mal que não queremos e deixamos de fazer o bem que queremos. Nós não sabemos a dimensão do combate, das flechas que vão e que vêm.

Os anjos estão combatendo o bom combate junto conosco, só que não podemos ficar de braços cruzados esperando que o Céu apenas brigue por nós. É tempo de têmpera, de determinação, de nos revestirmos com a armadura de Deus, como diz a Palavra.

Pegue a Bíblia, leia Efésios e coloque em prática, pois ela é a sua arma contra o inimigo.

> Enfim fortalecei-vos no Senhor, no poder de sua força, revesti-vos da armadura de Deus para que possais resistir às ciladas do Diabo, pois a nossa luta não é contra homens de sangue e carne, mas sim contra os principados, as potestades, os dominadores deste mundo tenebroso (Efésios 6).

Certa vez, em Cuiabá, uma jovem me disse: "Mas, padre, o senhor fala tão mal do mundo". E eu respondi: "Mas está na Palavra, não sou eu, não". Nós vivemos em um mundo tenebroso, porém as minhas atitudes, a minha determinação de santidade, pode fazer desse mundo tenebroso um mundo feliz.

Quando eu entendo que o ser é para sempre e o estar é passageiro, eu faço um mundo melhor. Eu estou no mundo, mas eu não

sou do mundo. Por isso eu tenho que entender que, mesmo que esse mundo seja tenebroso, com a minha determinação de vida, com a minha alegria, com a minha busca pela santidade, eu posso fazer a luz brilhar, eu posso fazer o novo acontecer. Isso não significa que as tribulações não vão continuar, pois a Palavra diz: "Os Espíritos malignos estão espalhados pelo espaço, por isso protegei-vos com a armadura de Deus, a fim de que possais resistir no dia mal, e, assim, empregado todos os meios, continueis firmes. Ficais, pois, de prontidão…". Igreja, temos que estar de prontidão todos os dias, todos os segundos. Um dia todo de sentinela, um dia todo de vigilância.

O meu sim é para sempre e deve ser renovado diariamente. Eu preciso estar de prontidão, porque, se em um segundo eu vacilar, o inimigo me dá uma rasteira. Satanás é astuto, ele é esperto, mas ele não tem poder. A Palavra diz: "Ficais, pois, tendo a verdade como cinturão, a justiça como couraça, e os pés calçados com o zelo em anunciar a Boa Nova da paz. Enfim, em todas as circunstâncias, empunhai o escudo da fé com o qual podereis apagar todas as flechas incendiadas do maligno; enfim, ponde o capacete da salvação e empunhai a espada do espírito, que é a Palavra de Deus".

A Palavra de Deus nos fortalece e nos faz homens e mulheres determinados a buscar a santidade. Eu não sei o que você está vivendo, não sei qual foi a determinação da sua vida, mas eu quero pedir para você que se discipline. Vamos, nessa disciplina, fazer um novo acontecer, levantar a cabeça, erguer os olhos ao alto e lutar, e lutar, e lutar, e lutar, e não parar. A Palavra diz que a nossa vida é uma vida de luta, de batalha, de perseguição, mas glória a Deus por isso, porque do coração atribulado está perto o Senhor.

Não devemos vacilar e ficar nos fazendo de vítima porque caímos nessa grande tentação. Vivemos um tempo em que somos cada vez mais levados a ser vítimas e nos fazer de coitadinhos. Você tem que ter Deus, levantar a cabeça e saber que com Ele você é mais que vitorioso. Você tem que assumir o lado que você está. Nós não estamos do lado dos derrotados, nós estamos do lado daqueles que são os vitoriosos.

Você, que está lendo este livro agora, pode até me perguntar: padre, se eu estou do lado da vitória, por que tanta luta? E eu lhe repondo: porque, enquanto aqui estivermos, somos peregrinos, estamos de passagem, é a nossa Páscoa até chegar ao Céu, onde o Senhor nos espera. É luta, perseguição, sangue, suor, cruz, porque o próprio Jesus falou: "Quem quiser ser meu discípulo, renuncia a si mesmo, toma a sua cruz e me siga".

Outro dia eu falei: "Oh cantinho difícil para chegar é o Céu. A gente vai para lá, vai para cá, roda o mundo todo, mas chegar no Céu é difícil. Realmente é difícil, mas glória a Deus por isso, pois, se é difícil, é porque é maravilhoso. Se é difícil, é porque chegar lá não é para qualquer um. Para chegar ao Céu precisa ser homem e mulher firmes, ousados, corajosos, disciplinados, determinados. Mesmo que eu cair mil vezes, mil vezes eu vou me levantar, pois eu não vou desistir.

Têmpera, meus irmãos, essa é a palavra que gosto de trabalhar na minha vida e pela qual luto tanto para conseguir. Temos que enfrentar o combate. Nós estamos no mesmo barco há mais de 40 anos, pois, como canta o padre Jonas, "não dá mais pra voltar, não dá mais pra voltar, meus irmãos, não dá!".

Você já conhece a Palavra. Temos que assumir realmente que a nossa força e nossa vitória são Jesus, e, mesmo que as tribulações venham, levante a cabeça e faça o novo acontecer. Isso é buscar a determinação de um homem e uma mulher de têmpera, que não se deixa levar por qualquer coisinha, que não diz: "eu vou desistir, eu não aguento mais". Isso não pode estar no dicionário daquele que busca a santidade, daqueles que estão a caminho do Céu, que são discípulos de Jesus. As palavras do dicionário que precisamos usar são: determinação, ousadia, desejo, entrega, confiança. Essas, sim, devemos colocar em prática.

Que Deus é esse que dá tanta tribulação?

Deus não nos dá tribulação, apenas bênçãos. As tribulações, os problemas não são culpa de Deus, mas das nossas decisões mal tomadas, porque toda decisão gera uma consequência. Deus nos concedeu o livre arbítrio por amor. Ele nos deu a liberdade, e por isso acontecem as tribulações.

Faça agora esta oração em voz alta para sua vida:

Senhor, eu quero me determinar a viver a certeza de que a Tua palavra se cumprirá, mesmo em meio às tribulações. Quantas tribulações o nosso coração passa, quantas angústias, medos, incertezas o mundo quer colocar, mas nada, Senhor, vai tirar a minha paz. Nada, Senhor, vai tirar a minha alegria, o meu desejo, a minha retidão, a minha ousadia, Senhor, de me lançar. Ninguém, Senhor, nem pessoas, nem palavras malditas, nem palavras lançadas, nada me fará, Senhor Jesus, desistir. Sim, eu vou lutar até o fim, eu preciso lutar, Senhor.

Sejamos homens e mulheres de têmpera, de vibração. Peça ao Senhor que renove a sua fé, a sua esperança, o seu desejo de ser do exército de Cristo. Peça essa graça ao Senhor.

Todo joelho se dobrará, pois Jesus é minha força e minha vitória.

Credes que Jesus pode tudo?

Antes de iniciar esta leitura, quero convidar você a fazer um momento de oração pessoal, apresentando ao Senhor todos os seus impossíveis. Faça uma oração de entrega, de confiança a Deus, mesmo que você esteja com a fé fraca. Eu o convido a proclamar: "EU CREIO, SENHOR, MAS AUMENTA MINHA FÉ". Diante das suas necessidades, peça a Deus para que Ele tire do seu coração toda inquietude, toda preocupação, toda angústia, todo medo. Que Ele possa tirar do seu coração as tribulações que, nesse momento, estão passando pela sua mente.

A leitura deste capítulo só surtirá efeito se o seu coração estiver limpo, aberto, dócil a escutar Jesus. Por isso eu peço ao Pai, ao Pai das Misericórdias, que nesta leitura sua fé se renove e que a própria mão do Senhor venha a tocá-lo.

No capítulo anterior, mergulhamos na certeza de que a nossa força e a nossa vitória estão em Jesus. Vimos que a nossa luta não é contra homens de carne e sangue, mas contra os principados e as potestades deste mundo. Por isso peço que faça também esta oração que me acompanha há tanto tempo, pois quero pedir a Deus que, neste capítulo, você possa assumir cada vez mais que JESUS TUDO PODE.

Reze:

A cruz sagrada seja minha luz, não seja o dragão meu guia. Retira-te, Satanás, nunca me aconselhes coisas vãs, é mal que tu me ofereces, bebe tu mesmo os teus venenos. Ave-Maria cheia de graça, o Senhor é convosco, bendita sois vós entre as mulheres e bendito és o fruto do Teu ventre. Santa Maria Mãe de Deus, rogai por nós, pecadores, agora e na hora da nossa morte. Amém. Em nome do Pai, do Filho e do Espírito Santo. Amém!

Que alegria podermos estar mais juntos na leitura deste livro, pois, ao escrevê-lo, sinto-me mais próximo de você e quero também que você conheça um pouco mais de mim, padre Bruno.

Como já disse anteriormente, estou muito feliz em escrever, ou melhor, em concluir este livro nos meus 10 anos de sacerdócio e, principalmente, nos 40 anos da Canção Nova. Acredito que o Senhor quer fazer muito na leitura deste livro na nossa vida.

Tudo que nós vamos partilhar neste capítulo está baseado em uma pergunta que exigirá muita verdade de nós: Você acredita que Jesus pode fazer tudo na sua vida? Calma, não precisa responder de imediato. Vamos dar sequência à leitura e, ao seu tempo, daremos a resposta.

Por muitas vezes, duvidamos que para o Senhor tudo é possível. A Palavra de Deus, em Mateus 9,18, diz:

Naquele tempo, Jesus estava falando e o chefe aproximou-se. Prostrou-se diante dele e lhe disse: "Minha filha faleceu agora mesmo. Mas vem pôr a mão sobre ela e viverá". Jesus levantou-se e o acompanhou junto com os discípulos. Nisto uma mulher que havia 12 anos sofria de hemorragias veio por trás dele e tocou na franja do seu manto. Ela pensava consigo: "Se eu conseguir ao menos tocar no seu manto, ficarei curada". Jesus voltou-se e, ao vê-la, disse: "Coragem, filha! A tua fé te salvou". E a mulher ficou curada a partir daquele instante. Chegando à casa do chefe, Jesus viu os tocadores de flautas e a multidão agitada, e disse: "Retirai-vos! A menina não morreu; ela dorme". Mas eles zombavam dele. Afastada a multidão, ele entrou, pegou a menina pela mão, e ela se levantou. E a notícia disso espalhou-se por toda aquela região. Partido Jesus dali, dois cegos o seguiram, gritando: "Tem compaixão de nós, filho de Davi!" Quando entrou em casa, os cegos se aproximaram dele, Jesus lhes perguntou: "Acreditais que eu posso fazer isso?". Eles responderam: "Sim, Senhor". Então tocou nos olhos deles, dizendo: "Faça-se conforme a vossa fé". E os olhos deles se abriram.

Aqui está o segredo da nossa vida. Não é uma palavra nova, nem um novo ensinamento, porque a missão da Canção Nova é estar sempre em sintonia com a Palavra, que é a mesma ontem, hoje e sempre. E a Palavra do Senhor é uma Palavra que renova nossa esperança, a nossa fé. Devemos acreditar verdadeiramente no Deus que tudo pode fazer em nossa vida.

Estamos vivendo um tempo em que você e eu temos perdido literalmente a crença, a esperança no Deus que tudo pode fazer. Amados irmãos, nós tocamos em milagres de pessoas que viveram a ousadia e acreditaram no poder de Deus. O Senhor quer agir na sua vida, mas para que Deus aja na sua vida, você precisa deixar. Ele quer, mas a decisão é sua.

A decisão é nossa, pois quando eu me deixo ser conduzido, quando eu sou ousado na oração, quando eu vivo uma oração ativa, quando eu saio do meu comodismo e vou à luta, "basta que eu toque na orla do Seu manto e serei curada".

Estamos em um ano celebrativo aqui na Canção Nova – seus 40 anos. Estamos celebrando a certeza de um Deus que tudo pode e tudo faz. Cheguei à Canção Nova em 2002, e me lembro muito bem de tudo que Deus foi fazendo, não apenas nas obras, mas nas pessoas, quantos milagres, quantas mudanças de vida, quantas coisas através das quais Deus mostrou que Ele é quem faz.

É tempo de levantar a cabeça, olhar para o alto e renovar a esperança. É tempo de voltar a sonhar. Você sabe que muitos dos nossos perderam até o gosto pelos sonhos, muitos de nós até falam: "eu nasci assim, eu cresci assim, vou morrer assim". Mas é mentira, pois para Deus tudo é possível. Porque se eu quero ser um homem novo para um mundo novo, eu preciso me deixar ser lapidado, ser modelado segundo a estatura do homem perfeito.

O mundo quer nos desfigurar, mas nós somos convidados a nos configurar e nos aproximar da imagem de Cristo, mas para que isso aconteça, nós precisamos acreditar, ter fé, confiar e se lançar. Nós precisamos ser católicos, apostólicos, romanos, marianos, carismáticos, renovados e praticantes. Devemos praticar o que cremos, pois se Ele é o todo poderoso, ele pode fazer tudo na nossa vida. Então, creia, busque essa Palavra e a viva intensamente.

Quando Jesus partiu dali, encontrou dois cegos que o seguiram gritando. Imagine, meus irmãos, Jesus, que andava de um lado para o outro da Galileia levando a Palavra, fazendo a graça acontecer. Multidões O seguiam, pessoas escutavam falar de milagres e iam atrás Dele. E aqueles dois cegos não pararam na sua limitação, mas gritavam pelo meio da rua: "Jesus, Filho de Davi". Eles poderiam ter parado, sentado e dito: "eu não consigo enxergar, minha vida é uma porcaria". Porque muitos vivem assim, enterrando-se nas situações.

Povo de Deus, todos nós temos problemas, ou você acha que o padre não tem? Todos nós temos, mas eu não posso parar, chega de querer ser coitadinho. Você é filho de Deus, somos filhos de Deus. Chega de fazer melindres, chega de fazer tempestade no copo d'água. A Palavra do Senhor nos fala: "No mundo havereis de ter tribulações, problemas, perseguições, mas em tudo somos mais que vencedores". Já falei no capítulo anterior, mas vou repetir muitas vezes: nossa força e nossa vitória estão em Jesus.

Mas para que isso aconteça, você precisa acreditar, você precisa confiar. Os dois cegos foram atrás de Jesus, foram atrás do milagre. Quando entrou em casa, os cegos aproximaram-se Dele e Jesus lhes perguntou: "O que queres, acreditais que eu posso fazer isso?". Eles estavam desesperados, mas Jesus precisava trabalhar a fé deles, e os homens responderam: "Sim, Senhor". Então tocou os olhos deles dizendo: "Faça-se conforme a vossa fé". Palavra fundante da criação do mundo: FAÇA-SE. Faça-se o sol, faça-se a lua, faça-se o firmamento, faça-se a água, faça-se o ser humano, faça-se conforme a sua fé.

Você quer mudança em sua vida? Você quer transformação em sua vida? Faça-se conforme a sua fé. Será que vai ser feito? Porque, se é conforme a minha fé, eu preciso ter uma fé viva. Quantas vezes já cantamos aqui: "dai-me uma fé viva, dai-me uma fé nova, traduzida na vida".

Quando comecei a pensar neste livro e rezar, encontrei este texto. Não conheço o autor, mas colocarei aqui para mostrar-lhe o que é verdadeiramente confiar em Deus.

"Uma pobre senhora, com visível ar de derrota estampado no rosto, entrou num armazém, se aproximou do proprietário, conhecido pelo seu jeito grosseiro, e lhe pediu fiado alguns mantimentos. Ela explicou que o seu marido estava muito doente, não podia trabalhar e que tinha sete filhos para alimentar. O dono do armazém zombou dela e pediu que se retirasse do seu estabelecimento. Pensando na necessidade da sua família, ela implorou: 'Por favor, senhor, eu lhe darei o dinheiro assim que eu tiver'. Mas o homem lhe respondeu que ela não tinha crédito e nem conta na sua loja. Em pé, no balcão ao lado, um freguês que assistia à conversa entre os dois se aproximou do dono do armazém e lhe disse que ele deveria dar o que aquela mulher necessitava para a sua família, por sua conta. Então, o comerciante falou, meio relutante, para a pobre mulher, ironicamente: 'Você tem uma lista dos mantimentos?'. 'Sim', respondeu ela. 'Muito bem, coloque a sua lista na balança e o quanto ela pesar eu lhe darei em mantimentos'. A pobre mulher hesitou por uns instantes e, com a cabeça curvada, retirou da bolsa um pedaço de papel, escreveu alguma coisa e o depositou suavemente na balança. Os três ficaram admirados quando o prato da balança com o papel desceu e permaneceu embaixo. Completamente admirado com o marcador da balança, o comerciante virou-se lentamente para o seu freguês e comentou, contrariado: 'Eu não posso acreditar!'. O freguês sorriu, e o homem começou a colocar os mantimentos no outro prato da balança. Como a escala da balança não equilibrava, ele continuou colocando mais e mais mantimentos até não caber mais nada. O comerciante ficou parado por uns instantes, olhando para a balança, tentando entender o que havia acontecido. Finalmente, pegou o pedaço de papel da balança e ficou espantado, pois não era uma lista de compras, e, sim, uma oração com os seguintes dizeres: 'Meu Senhor, o Senhor conhece as minhas necessidades e eu estou deixando isto em Suas mãos'. O homem deu as mercadorias para a pobre mulher no mais completo silêncio. Ela agradeceu e foi embora. O freguês pagou a conta e disse: 'Valeu cada centavo'" (Autor desconhecido).

É o Senhor falando para mim e para você. Você entendeu? Ela não colocou ali feijão, cuscuz, farinha etc, mas o poder de confiar em Deus. Isso é crer, isso é confiar.

A mão do Senhor estava sobre aquela mulher e suas necessidades. A mesma coisa pode acontecer numa potencialidade muito maior comigo e com você, mas para isso é preciso crer, é preciso confiar.

Muitos colocam em seus carros a frase: "Tudo posso naquele que me fortalece", mas na primeira dificuldade que encontra pela frente, já não acredita mais em nada e ainda blasfema contra Deus.

Povo de Deus, é tempo de despertar, tempo de avivamento, de uma fé nova, de levantar a cabeça e dizer: "Com Cristo eu sou vencedor". É preciso despertar. Muitos já se acostumaram com as coisas do mundo, mas você não é do mundo, e, sim, de Deus. Nós somos do Céu. Estamos no mundo, mas não pertencemos a ele. Lembrem-se: o estar é passageiro, o ser é eterno. Não se deixe ser levado pelas coisas, pelas influências, pelo negativismo que o mundo quer imprimir em mim e em você.

Quantas pessoas falam: não adianta, nada vai mudar. Nós precisamos crer, saber esperar no Senhor, confiar Nele e saber que Ele tem um tempo para cada coisa.

A frase do tempo é essa: "Deus não demora, Deus capricha". Deus não está demorando na sua vida, Deus está caprichando. Agora é preciso nos lançar, é preciso realmente colocar em prática, é preciso nos colocar no lado certo.

Muitos vivem a cegueira espiritual, pois estão com tampões em seus olhos e perdem o norte, não conseguindo mais ter um direcionamento. Que as escamas dos nossos olhos caiam, em nome de Jesus, e que, assim como esses cegos, voltemos a enxergar Jesus, que é o caminho, a verdade e a vida. Voltemos a escutar a Palavra do Senhor e colocá-la em prática. Voltemos a confiar Naquele que tudo pode fazer na nossa vida. Voltemos a entender que não somos derrotados, mas vencedores.

Às vezes nos colocamos no papel de derrotados. Mas se fizermos isso, como vai acontecer o milagre? Como vai acontecer a cura? Como vai acontecer a transformação? Eu preciso me colocar como vencedor.

Outro dia uma pessoa me perguntou: "Padre Bruno, de onde vem tanto fogo, tanta alegria? Vejo o senhor sorrindo sempre nas postagens do Facebook, do Instagram". E eu lhe respondi: "É o Espírito Santo, porque se não fosse ele, eu não seria nada. É Ele que me capacita, que me dá entusiasmo, que me dá toda a graça de sair de mim, de um lado para o outro. É o deixar ser conduzido, é confiar que Ele é a minha força, é colocar em prática o que está lá em Efésios: 'Ele pode agir em nós infinitamente, mais do que possamos pedir ou pensar'".

Ele quer agir em mim e em você, mas para que tudo isso aconteça na sua vida e na minha vida, você e eu precisamos confiar. Você crê que Deus pode fazer milagres na sua vida? Renove-se. Que esse seu crer possa ser totalmente tomado de uma entrega, de uma certeza, de uma confiança e de uma vitória. Se nós somos vencedores, se nós estamos do lado do Senhor, precisamos entender que estamos do lado da cruz, porque Jesus falou que quem quiser segui-Lo precisa renunciar a si mesmo e tomar a sua cruz.

Na cruz de Cristo está o triunfo. A vitória pertence aos servos de Deus. Isso é confiar plenamente no poder do Senhor. Estou falando da cruz para que você entenda que o crer é fundamental, mas você também vai ter que aprender a suportar as dores e os sofrimentos. Precisamos acreditar que Jesus tudo pode, não podemos parar nos obstáculos da vida.

Lembrei-me agora, de uma situação que vivi na minha adolescência, em João Pessoa, na Paraíba. Estudava no colégio IPEP e estávamos participando de uma gincana. Então inventaram de me colocar no time de basquete, e lá fui eu me escrever para jogar basquete. Quando eu vi o time adversário, do colégio Pio X, os homens todos enormes, meus amigos e eu começamos a ficar preocupados, porém eu tinha apenas duas opções: entrar na deles e ficar com medo ou encorajá-los.

Então, no momento em que todos estavam quietos, eu disse: "Gente, a vitória é nossa". Eles olharam para mim e começaram a dizer: "Você está doido. Olha o tamanho daqueles homens". E eu disse: "Tamanho não é documento, meu amigo. Vamos fazer estratégias. Eles são grandes, mas não são melhores pelo tamanho". E relatei-lhes a história de Davi e Golias. Confesso que minhas pernas

tremiam, mas ou eu parava naquilo que era visível, ou tentava a vitória. Fomos para o jogo e ganhamos.

Quantos de nós perdemos a esperança? Pelo poder do nome de Jesus, ressuscite a sua esperança. Volte a sonhar, volte a acreditar, porque para Deus tudo é possível. Você está com problema, você está triste, você está deprimido? Renuncie a tudo isso, levante a cabeça, dê a volta por cima e acredite que você é um vencedor. Eu creio! Você é um vencedor.

Sonhar não é pecado, volte a sonhar. Você quer uma família abençoada? Você quer bênçãos na sua casa? Você quer uma casa, um carro, um bom trabalho? Sonhe! Mas busque isso diariamente, lutando, sendo determinado, criando estratégias em Deus, pois os filhos da Luz precisam de sabedoria.

Eu creio, é tempo de acreditar, é tempo de confiar e se lançar. O nosso Senhor, o Ressuscitado, está aqui para avivar o meu e o seu coração. Quem precisa de um avivamento? Quem precisa renovar a fé? Quem quer literalmente uma vida nova? "Crê no Senhor Jesus, que será salvo tu e a tua casa! Crê no Senhor Jesus que a transformação acontecerá".

Eu confio em Ti, Senhor. Eu acredito em Ti, Senhor. Eu espero em Ti, Senhor. Porque eu creio no Deus que sonha os meus sonhos, e as Tuas promessas irão se cumprir.

Amado irmão, não duvide disso: Jesus tudo pode. Acredite que Ele está avivando seu coração nesta leitura. No DVD e Cd *Orações em Canção*, gravei uma música com minha amiga Luciana Antunes. Deixo-a aqui para você rezar e cantar.

Eu creio no Deus que sonha os meus sonhos.

E que as Suas promessas irão se cumprir.
Eu creio que Ele faz tudo novo.
Reaviva o fogo do Espírito em mim.

Eu creio no poder de um povo
que adora e louva a um único Deus.
E ele está aqui.
Ele está avivando os corações.
Ressuscitando as esperanças.
Fazendo o milagre acontecer.

Sopra, Senhor, com teu espírito de amor,
sobre os ossos secos para que revivam.
Sopra, Senhor, com teu espírito de amor.
E faz um exército se levantar.

Ele está avivando os corações.
Ressuscitando as esperanças.
Fazendo o milagre acontecer.

Nossa vida é um combate diário

Nossa vida é um combate diário, por isso precisamos usar as armas necessárias de cada dia e enfrentar o combate de cabeça erguida. Lutar sempre, desistir jamais, é isso que quero partilhar com você neste capítulo do nosso livro.

Para chegarmos ao Reino dos Céus, precisamos ser valentes guerreiros. Não estou dizendo que é fácil, já que isso é uma mentira, pois o próprio Senhor nos diz: "No mundo havereis de ter tribulações, mas coragem".

Sei que não é fácil, mas é possível, sim, enfrentar o combate diário. Somos templo do Espírito Santo e Deus está em nós. Deus habita em nosso coração, em nossa casa. Não precisamos ter medo, por maior que seja a batalha. Vamos fechar todas as brechas do coração e da nossa casa para o inimigo não entrar.

Como templo do Espírito Santo, nós temos que ser casa de oração, a nossa família tem que ser casa de oração. Deus escolheu uma família para vir a este mundo, e por isso o inimigo de Deus tem trabalhado. tanto contra ela para destruí-la.

No evangelho de Mateus 13,44 está escrito que o Reino do Céu é como o tesouro escondido no canto. Alguém o encontra e o esconde, deixando-o bem escondido. Assim, cheio de alegria, vende todos os seus bens, porque sabe que ali está o grande tesouro.

Quantas famílias perderam o foco dessa certeza, quantas vezes você e eu deixamos que o desejo do Céu, que a vontade da santidade, ficasse de lado pelos afazeres e pelas coisas deste mundo. Isso ocorre quando deixamos que o apego, o materialismo, o consumismo ultrapassem o nosso desejo de santidade. Meu coração e o seu coração precisam estar vibrantes, desejando o Céu, pois fomos feitos para a eternidade. O Céu é o nosso lugar.

Isso é fundamental para entendermos os combates pelos quais passamos. Quando tenho um olhar espiritual, entendo que sou do Céu, mas como peregrino neste mundo, preciso permanecer firme e com foco em Jesus. Isso me ajuda a não desistir e a entender que tudo vai passar.

Diante do evangelho de Mateus, eu me pergunto e pergunto a você: como está o meu desejo de Céu? Como está o meu desejo de entrar no Céu? Viver é bom, mas só vale a pena se for para viver com Cristo.

Diariamente tenho orado para que eu nunca tire dos meus olhos esse desejo de trilhar e chegar à meta do homem perfeito, da estatura do homem perfeito, Jesus. Chegar ao Céu é uma luta diária. Não pense que é fácil para o padre Bruno, para os consagrados, pois a luta é grande para todos aqueles que desejam o Céu .

É tempo de nós, como guerreiros do Céu, voltarmos a ter uma armadura de Deus, revestirmo-nos de poder, de luta, e levantarmos a cabeça. Neste capítulo, no qual estamos partilhando que nossa vida é um combate diário, quero deixar no seu coração a necessidade de uma vida de oração, pois o combate acontece a todo minuto, e por isso temos que batalhar sempre.

Hoje o Céu tem sido na sua casa o tesouro maior? Você tem lutado pelo Céu? A sua vida tem sido com os olhos fixos no desejo de Céu? Já falei outras vezes e vou falar de novo: o estar é passageiro, o ser é eterno. Eu sou do Céu, você é do Céu.

É nessa certeza que tenho que lutar como valente guerreiro e buscar os exemplos de tantos santos que mostraram na vida o desejo de santidade, combatendo diariamente o bom combate e guardando a fé.

A Palavra do Senhor diz: "Vós sois a luz do mundo". Você tem sido luz? Porque aquele que deseja o Céu precisa ser luz. Aquele que deseja o céu precisa buscar a santidade. Ninguém aqui é santo, mas todos nós estamos no caminho da santidade.

Eu quero ser santo, e querer ser santo faz parte da nossa essência, que fomos criados à imagem e semelhança de Deus. "Sede santos como o vosso Pai do céu é santo!". E o que me ajuda a viver isso? Como viver essa luta diária entre o bem e o mal, deixando de fazer o mal que não quero, para fazer o bem que tanto desejo? Quando eu entendo que estou neste mundo, mas não pertenço a ele, assumo o Céu em mim e que eu sou de Cristo.

Paulo fala na sua carta aos Coríntios:

Assim, livre em relação a todos, eu me tornei escravo de todos, a fim de ganhar o maior número possível. Com os judeus, me fiz judeu, para ganhar os judeus. Com os súditos da Lei, me fiz súdito da Lei – embora não fosse mais súdito da Lei –, para ganhar os súditos da Lei. Com os sem lei, me fiz um sem lei – eu que não era sem a lei de Deus, já que estava na lei de Cristo –, para ganhar os sem lei. Com os fracos, me fiz fraco, para ganhar os fracos. Para todos eu me fiz tudo, para certamente salvar alguns. Por causa do evangelho, eu faço tudo, para dele me tornar participante.

Numa maratona, todos correm, mas um só ganha o prêmio de primeiro lugar. Corra de tal maneira que conquiste o prêmio. Todo atleta se impõe a todo tipo de disciplina. Eles assim procedem para conseguirem sua medalha.

Paulo diz: "Quanto a nós, buscamos uma coroa incorruptível! Por isso, eu corro, não como às tontas. Eu luto, não como quem golpeia o ar. Trato duramente o meu corpo e o subjugo, para não acontecer que, depois de ter proclamado a mensagem aos outros, eu mesmo seja reprovado".

Nessa passagem, Paulo está dizendo que para entrar no Reino dos Céus nós temos que seguir o exemplo dos atletas – o desejo, a disciplina –, e não parar, mas levantar a cabeça e buscar a determinação diária, a coragem, e viver aquilo que a Palavra fala: "Nem todo aquele que diz 'Senhor, Senhor' entrará no Reino dos Céus, mas aquele que colocar a Palavra em prática".

Igreja católica, é tempo de praticar a Palavra do Senhor, é tempo de fazermos o que o papa Francisco está falando para nós e irmos ao encontro do outro, sairmos de nós mesmos e fazermos da nossa casa uma casa de oração.

Aqui na Canção Nova aprendemos que a nossa vida precisa ser uma vida de oração, porque é só na oração que vencemos o combate, e a oração nos traz disciplina, determinação, coragem para não pararmos nos problemas que enfrentamos. Ou eu assumo que tudo posso Naquele que me fortalece, ou não adianta nem proclamar essa frase.

Como já falei nos capítulos anteriores, "nossa luta não é contra homens de carne e sangue, mas contra as potestades e os principados desse mundo tenebroso". Nós estamos em um mundo tenebroso. E como venceremos neste mundo tenebroso? Sendo um homem de têmpera, uma mulher valente na vida. Falar é fácil, eu quero ver na vida! É na vida, no dia a dia, na labuta, nos atropelos que o mundo nos oferece que devemos fixar os olhos no Senhor e desejar o Céu.

Nós precisamos levantar um povo que acredita, mesmo em meio a todas as situações. Nossa vida é uma campanha de oração diária para entrar no Céu. Eu tenho tocado num povo que não está atrás de milagres, mas que, mesmo em meio às tribulações, confia. Será que temos confiado mesmo? Se eu compreendo que o Céu é o meu lugar e que tudo posso Naquele que me fortalece, eu estou confiando verdadeiramente no Senhor, pois Ele é o mesmo de ontem, de hoje e de sempre.

Se Ele ainda não está fazendo obras na minha e na sua vida, é porque ainda não estamos confiando plenamente. Deus tem o melhor para nós. Ele não está demorando, mas está caprichando. Mas isso tudo só vai estar no meu e no seu coração se nós tivermos os olhares fixos na promessa.

Se Deus prometeu, Ele cumprirá. Toda promessa passa pela prova do tempo, mas nós não sabemos esperar e queremos as coisas para ontem, e, por isso, desistimos do Céu e já "chutamos logo o pau da barraca".

Deus tem para nós a obra de salvação, mas o inimigo tem a obra da destruição. Ele tira das famílias o desejo do Céu, a oração, e destrói a família que vive intensamente a Palavra do Senhor. Satanás quer fazer com que você e eu desistamos do Céu, da santidade. Nossa vida é um combate, sim, mas nós somos VENCEDORES!

Peço a Deus que, quando você acabar de ler este livro, possa assumir um tempo novo na sua vida e na sua família. Um tempo novo de conquista e milagres, um tempo novo de certeza do Céu. Que você saia desta leitura tomado por essa graça, sabendo que os problemas não são comparados à glória eterna.

Alcançar o Céu só depende de mim, da minha determinação, da minha disciplina, do meu desejo, da minha alegria de buscar a santidade. Ou eu vivo essa intensidade, ou minha fé será vã. O Reino do Céu é esse tesouro escondido. Largue tudo, não tenha medo, traga a vocação primária que é a santidade. Queira ser um homem diferente, uma mulher diferente, para que as pessoas consigam olhar para você e falar: aquele homem é um homem de Deus, aquele casal busca o Céu.

Você tem almejado o Céu ou as coisas do mundo? É tempo de almejar o Céu. Eu sonho com o Céu, imagino o Céu, pois lá é o nosso lugar, e eu preciso lutar para chegar até ele. Só entra no Céu quem for guerreiro, quem estiver armado verdadeiramente. Levante sua cabeça, deixe de ser coitadinho, pois o Senhor nos capacita, o Senhor nos escolheu, o Senhor nos quer. Ele nos conhece desde o ventre materno.

Eu fui feito à imagem e semelhança do Senhor, então eu tenho que lutar para chegar ao meu destino, à minha cadeira reservada no Céu. Muitas situações difíceis, problemas, angústias virão, mas em tudo nós temos que ser mais que vencedores. O que eu peço ao Senhor é que você e sua família tenham esse desejo de santidade, pois família que reza unida, permanece unida.

Lembro-me de uma situação que vivi na missão de Cuiabá. Eu estava na minha sala e, sem pedir licença, entrou uma senhora e me disse: "Você está acabando com a minha vida". Eu, rapidamente, perguntei a ela: "Qual é o nome da senhora? Por que a senhora está falando assim comigo?". E ela me respondeu: "Porque meu filho quer ser padre por sua culpa". Então eu perguntei: "E quem é seu filho?". E ela me disse: "Ele começou a ir à Missa e, olhando para o senhor, acabou o namoro e diz que quer ser padre". Eu olhei para ela e disse: "Não sei quem é o seu filho e muito menos o que estava incentivando a ser padre, mas a partir de hoje vou procurar saber quem ele é e vou rezar por ele dobrado".

Nesse momento, eu estava com a identidade de um jovem que eu havia acompanhado por quase dois anos, mas que, infelizmente, entregou-se às drogas e morreu assassinado. Então olhei para aquela mulher e disse: "É isso que a senhora quer para o seu filho?".

Se o seu filho quer ser padre, dê glória a Deus, pois é graça para a sua casa, é bênção de Deus. Não estou dizendo que ser padre é a melhor coisa do mundo, mas se ele tem o desejo sacerdotal, vibre com isso. Quantas famílias perdem a graça porque, ao viverem no mundo do consumismo, querem que seus filhos sejam aqueles que ganham mais dinheiro, que estejam melhor no mercado de trabalho, e se esquecem de desejar que eles sejam santos, que sejam cidadãos do Céu. Não podemos esquecer que o nosso maior tesouro é o Céu. Que muitos tenham o desejo de ser padre, de ser Canção Nova.

Quem dera se todos nós tivéssemos a coragem de dar o "sim" verdadeiramente para o Senhor e nos lançarmos nas mãos Daquele que fez, faz e sempre fará. Para que a nossa casa seja uma casa de oração, precisamos ter o Céu pleno e entendido dentro de nós, pois nós fomos feitos para a eternidade, para ficarmos juntos de Deus.

Se você é um cristão autêntico, tem que passar por tribulações, pois essa é a garantia para se chegar à vitória. Quando eu entendo o Céu, eu assumo a cruz e não a largo de jeito nenhum.

Você deve ter percebido que, sempre quando eu prego, estou com uma cruz na mão. Sabe por que? Para que eu não perca o desejo do Céu. Para que todo dia eu olhe e diga: Senhor, obrigado por ter morrido em meu lugar, não posso me acostumar. Por isso, desde que fui ordenado padre, em 16 de dezembro de 2007, falo para mim mesmo que eu preciso celebrar a Missa como se fosse a primeira, a única e a última, porque nós não sabemos do dia de amanhã.

Se Jesus chegasse hoje, você estaria preparado para o Céu?

Todos nós devemos viver intensamente correndo atrás da nossa santidade, enfrentando as batalhas de cada dia, carregando a cruz de cada dia e acreditando que Deus está conosco.

Não sabemos quando o Senhor virá, e por isso devemos orar e vigiar diariamente. Porém, eu só viverei assim se tiver um entendimento concreto de que o Céu é o meu lugar e de que estou neste mundo, mas não pertenço a ele.

Peço ao Senhor que você seja impregnado da certeza do Céu, do desejo do Céu. Por isso, coragem, nossa vida em Deus é um combate diário, mas vamos vencer.

Senhor Jesus, assumindo-me como morada Tua, eu Te peço que o desejo do céu esteja sempre no meu coração. Eu quero, Senhor, buscar o céu como os valentes guerreiros. Eu quero lutar pelo meu lugar no céu. Eu peço essa graça. Tira do meu coração toda tristeza, todo medo, todo cansaço, todo fracasso, e me anima, Senhor, a lutar pelo céu, a vibrar pela santidade, a acreditar na salvação da minha casa. Eu renuncio a toda tentação do inimigo contra minha família, contra a luta de santidade. Eu renuncio ao medo, à hipocrisia, às falsas enfermidades, às falsas religiões. Eu renuncio a Satanás e a todas as suas obras que me fazem olhar para trás, que querem me condenar, que querem jogar contra mim. Eu renuncio a toda desconfiança de Deus e assumo hoje que sou cidadão do céu, que o céu é o meu lugar e eu vou lutar para lá chegar. Ajuda-me, Senhor Jesus.

Coragem, os teus pecados estão perdoados

N O EVANGELHO DE MARCOS 2,1-12, podemos ver concretamente que o Filho do Homem tem na terra o poder de perdoar os pecados, porém a pessoa precisa se voltar para Ele. O nosso Deus é o mesmo de ontem, de hoje e de sempre. Se Ele fez cegos verem, surdos ouvirem e mudos falarem, Ele pode fazer muito mais em nossa vida. Vamos assumir isso diante de Deus.

Nesse evangelho, podemos perceber que Jesus fala e atua concretamente como Senhor da nossa vida. Ele é o Senhor da nossa vida, da nossa história. O que me chama a atenção nesse evangelho é o momento em que Jesus viu o paralítico descendo e falou apenas uma coisa: "os teus pecados estão perdoados". O paralítico não chegou a falar nada, mas Jesus viu a fé daquele homem. Na mesma hora, os escribas que ali estavam pensaram em seu coração: "como pode Ele falar deste modo?". Mas Jesus respondeu-lhes: "Por que pensais essas coisas no vosso coração?". Jesus poderia ter dito naquele momento: "Levanta-te e anda", mas Ele apenas disse: "Filho, os teus pecados estão perdoados". Jesus foi bem concreto. Ele se apresenta nesse evangelho como médico do corpo.

Nós gostamos sempre de falar que Jesus é o médico dos médicos. Eu louvo a Deus pelos nossos médicos, e precisamos de médicos capacitados, que estudam, que vão a fundo nas doenças, mas existe o médico dos médicos, Aquele que tem mais que doutorado, Jesus.

Nesse evangelho, o Senhor deixou bem claro que vem curar o coração porque perdoou os pecados. O pecado é uma doença mortal que destrói o nosso interior, e é aí que precisamos sanar as nossas paralisias do coração, pois elas não são visíveis.

O nosso maior desafio é o de pontualizarmos aquilo que Deus precisa fazer em nosso coração para que não morramos por dentro. Todos os dias precisamos trabalhar a paralisia do nosso coração, que nos faz parar em nossos pecados e que não nos permite assumir o Senhorio de Jesus na nossa vida.

A condição para alcançarmos a nossa cura é irmos ao encontro do Senhor e lhe dizer a nossa verdade. O pecado precisa ser tirado de dentro de nós, pois a cada dia ele nos destrói. Somos convidados a viver o PHN – Por hoje não vou mais pecar. Não podemos desistir da nossa santidade.

Olhe para a cruz. Imagine se Jesus tivesse desistido de nós, o que seríamos? Nós não podemos desistir das coisas. Nós precisamos clamar, gritar e ser como aquele paralítico, que teve fé, foi atrás e não desistiu. Ele não parou na sua incapacidade, não se acomodou. Quantos de nós nos encontramos acomodados com o pecado dentro de nós.

Não podemos deixar que o desistir e o acomodar tomem conta da nossa vida. Precisamos lutar contra o pecado e acreditar sempre que existe um Deus que está ao nosso lado e que Ele está pronto esperando por nós. Diga a Jesus: "Jesus, estou aqui". E Ele dirá: "Filho, filha, os teus pecados estão perdoados".

Somos convidados a assumir esse Amor de Deus com o coração, pois, assim, ninguém pode nos segurar. Nós devemos acreditar no Deus que tudo pode. Nós precisamos sair desta leitura com a vontade de vivermos o amor, a reconciliação, a dependência do nosso Deus.

O nosso Deus é o Deus do impossível. Ele pode fazer tudo, mas insistimos em duvidar, insistimos em desanimar, em não acreditar. Vamos assumir, vamos tomar posse, vamos viver isso com ousadia, com coragem e com perseverança. Essa cura é apenas um grande sinal de que o nosso Deus, o Filho do Homem na terra, tem o poder de perdoar os pecados. E aquele que Ele perdoar será curado, será libertado. Não podemos viver na escravidão, no pecado. Temos que sair desta leitura totalmente libertos, renovados.

Cada um de nós tem uma missão. Eu estou nos meus 10 anos de sacerdócio. Em 2000, eu era candidato a vereador, minha eleição estava totalmente pronta e eu estava feliz. Eu era jovem, vivia as coisas do mundo e estava envolvido totalmente na política, mas eu escutei a Deus e me deixei ser levado por Ele, o Deus do impossível, que curou a lepra, que curou o paralítico, e na ousadia em Deus, eu precisei ter a coragem, precisei tomar uma decisão.

Precisamos tomar decisões em nossa vida. Sei que não é fácil. Às vezes precisamos parar e fazer os cálculos, mas somos chamados a tomar decisões concretas em Cristo Jesus. Quando eu escutei o meu chamado, não foi fácil. Eu poderia hoje estar casado, ter filhos, mas eu precisei ter a coragem, porque eu acreditei naquele momento e caiu no meu coração que quem me chamava não era um deus, mas, sim, O Deus, o único Deus que fez cegos veem, que fez surdos ouvirem, que fez mudos falarem, que curou o leproso, que curou o paralítico. Eu precisei acreditar que eu tinha uma missão e precisava cumpri-la.

Senti muito medo, tive dúvidas, mas eu não pude parar nessas coisas, que, muitas vezes, faz-nos olhar para trás. Nunca imaginei ser padre. Achava que havia muitas pessoas mais santas do que eu. Mas eu parei, fiz os cálculos e compreendi que o Deus que me chamava era o Deus de Abraão, de Isaac, de Jacó, que Ele tinha uma promessa na minha vida e não era mais para eu olhar pelo que eu já havia passado. Então, quando eu assumi que eu não podia mais olhar para os meus pecados e que necessitava de uma cura, de um coração liberto, Deus foi agindo. E é isso que Deus quer de nós. O que lemos no evangelho não foi uma simples historinha, um conto de fadas, mas a Palavra de salvação, a Palavra de libertação.

Eu quero falar a vocês, meus irmãos: vamos mudar a nossa história, vamos assumir o nosso ser cristão, a nossa alegria de sermos homens e mulheres vivendo a santidade. Vamos assumir que esse Deus pode e quer fazer milagres na nossa vida, e a única condição que Ele nos pede é que vamos ao Seu encontro, como fez o paralítico. Nós não podemos parar nas nossas limitações, precisamos caminhar, dar passo concretos.

As paralisias vão chegar, porém não serão elas que irão desanimá-lo e fazê-lo desistir. Caminhe cada vez mais e assuma concretamente aquilo que Deus tem para você: o plano de salvação.

Eu louvo e agradeço a Deus por este capítulo. Jesus tem o poder de perdoar os meus pecados, e, assim, eu posso todos os dias recomeçar. Não vou e não quero desistir. Vou lutar até o fim. Vamos juntos nesta linda aventura de sermos de Deus? Nós não temos alguma garantia palpável, apenas a certeza de que o Céu é o nosso lugar.

Deus pensou em tudo, pensou em você antes mesmo que nascesse, e lhe disse: "Toma aqui a chave do seu coração". Você é livre para decidir, então escolha abrir o seu coração e deixe Jesus entrar.

Nós precisamos abrir o nosso coração para que a cura aconteça. Todos nós somos paralíticos e precisamos assumir isso. Diga: "*Senhor, eu sou um paralítico e peço a cura do meu coração. Eu peço que seja retirado de mim o pecado, que seja retirado de mim o egoísmo*".

Nada acontecerá em nossa vida se o nosso coração estiver fechado, se estiver endurecido, se não estiver disposto a ir ao encontro de Jesus. Você precisa ter o coração como o daquele paralítico, que, mesmo diante da sua incapacidade, não desistiu, não desanimou, foi à luta e pediu a cura.

Isso é um desafio diário, não é fácil, mas também não é impossível, basta que tenhamos essa disposição, essa vontade de querer mudar, de querer ser renovado, de querer fazer as coisas novas todos os dias, mas o nosso coração precisa estar aberto. Peça a Deus que seu coração seja modificado, restaurado e volte a ter carne. Que seja um coração manso e humilde como o do Senhor: "*Eu peço, Jesus, que Teu sangue precioso seja derramado sobre nós e lave o nosso coração*".

Apresente ao Senhor o que ainda o faz olhar para trás, os pecados que ainda o fazem viver aquilo que já passou, tome posse da Palavra de Deus: "Eis que faço novas todas as coisas".

Quero convidar você a apresentar ao Senhor aquilo que tem corroído seu corpo, o seu coração, aquilo que o está inquietando. Apresente ao Senhor a sua verdade, porque o seu coração precisa ser restaurado, pois é nele que Jesus faz morada e é através dele que somos sacrários vivos.

Habita para sempre em minha vida, Jesus. Eu preciso que fiques e permaneças em meu coração porque eu quero ter a graça e a coragem que esse paralítico teve: de não parar nas minhas misérias, nas minhas incapacidades. Eu peço a graça de ter o coração dócil. Senhor, eu quero apresentar tudo aquilo que me faz olhar para trás, os meus pecados. Eu pequei muitas vezes por pensamentos, por palavras, eu reconheço, mas quero recomeçar. Eu quero verdadeiramente ser como aquele paralítico: ser curado, ser liberto.

Não tenha receio, não tenha medo, suplique a Jesus e grite, se preciso for: "Filho de Davi, tende piedade de mim". Acolha esse Amor de Deus com seu coração aberto. Abra o seu coração.

Meus irmãos, é promessa para cada um de nós, tome posse dessa cura que Deus tem derramado todos os instantes em sua vida. Ele tem derramado bênçãos e graças. A única condição é que abramos o nosso coração e deixemos que Ele faça morada para sempre.

Que você possa assumir a cura e a libertação. Somos paralíticos, mas não vamos parar nas nossas paralisias.

Lutar sempre, desistir jamais

LUTAR SEMPRE, DESISTIR JAMAIS. Quando essa frase veio ao meu coração, confesso que fiquei uns dias pensativo, mas logo percebi que ela faz parte da minha história de salvação. Nada na minha vida foi muito fácil. Tenho, graças a Deus, uma família maravilhosa, mas sempre lutei para conquistar as minhas coisas. Por isso eu falo com tanta vontade: precisamos lutar sempre, e sempre. Como diz meu pai fundador Monsenhor Jonas: é sempre.

O bom lutador, o bom combatente, é aquele que sabe interceder. Temos que interceder, pois a intercessão nos ajuda a criar têmpera e força para o combate.

Lembro-me agora de uma Palavra da Sagrada Escritura que diz: "Eu vos darei nervos, farei crescer carne e estenderei por cima a pele, porei em vós um espírito para que revivais, e então saberei que Eu sou o Senhor. Eu sou o Senhor". É Deus que está falando para mim e para você. Ele é o nosso Senhor!

Por 10 anos eu preguei no Acampamento "No Combate da Oração", e por muitas vezes falei que a essência desse acampamento é a de ser um grande momento de abastecimento para o combate do dia a dia. Pois bem, peço muito a Deus que este livro seja também um grande abastecimento na sua vida, um momento de revigorar, renovar suas forças. Podemos até dizer: Senhor, até aqui foi difícil, mas hoje, lendo este livro, eu começo um tempo novo na minha vida. E como sempre gosto de fazer, eu o convido a levantar sua mão direita e dizer: "A vida velha já ficou para trás, porque eu tomo posse de um tempo novo em minha vida".

A Palavra de Deus, em Ezequiel 37, diz:

A mão do SENHOR estava sobre mim, e o SENHOR me levou em espírito para fora e me deixou no meio de uma planície repleta de ossos. Fez-me circular no meio dos ossos em todas as direções. Vi que havia muitíssimos ossos sobre a planície e estavam bem ressequidos. Ele me perguntou: "Filho do homem, estes ossos poderão reviver?". E eu respondi: "Senhor Deus, és tu que sabes!" E ele me disse: "Profetiza sobre estes ossos e dize-lhes: 'Ossos ressequidos, ouvi a palavra do Senhor!'" Assim diz o Senhor Deus a esses ossos: "Vou infundir-vos, eu mesmo, um espírito para que revivais. Eu vos darei nervos, farei crescer carne e estenderei por cima a pele. Porei em vós um espírito para que revivais. Então sabereis que eu sou o Senhor". Profetizei conforme me fora ordenado. E, enquanto eu profetizava, ouviu-se primeiro um rumor, e logo um estrondo, quando os ossos se aproximaram uns dos outros. Eu olhei e vi nervos e carne crescendo sobre eles e, por cima, a pele que se estendia. Mas faltava-lhes o sopro de vida. Ele me disse: "Profetiza para o espírito, profetiza, filho do homem! Dirás ao espírito: 'Assim diz o Senhor Deus: Vem, ó espírito, dos quatro ventos, soprar sobre estes mortos para que eles possam reviver!'" Profetizei conforme me fora ordenado, e o espírito entrou neles. Eles reviveram e se puseram de pé qual imenso exército. Então ele me disse: "Filho do homem, estes ossos são toda a casa

de Israel. Eles dizem: Nossos ossos estão secos, nossa esperança acabou, estamos perdidos! Por isso, profetiza e dize-lhes: 'Assim diz o Senhor Deus: Ó meu povo, vou abrir vossas sepulturas! Eu vos farei sair de vossas sepulturas e vos conduzirei para a terra de Israel. Ó meu povo, quando abrir vossas sepulturas e vos fizer sair delas, sabereis que eu sou o Senhor. Quando incutir em vós o meu espírito para que revivais, quando vos estabelecer em vossa terra, sabereis que eu, o Senhor, digo e faço'".

Quantas vezes você já escutou essa Palavra? Nós precisamos de muita ousadia. Precisamos de muita ação do Espírito Santo, de muito entendimento, para fazer essa Palavra ser entendida na nossa vida. Se mergulharmos em cada frase, cada palavra, cada versículo, sairemos desse combate de cabeça erguida. Meu irmão, a Palavra do Senhor é muito forte para mim e para você.

O profeta Ezequiel, em nome do Senhor, na ousadia, profetizava sobre o sopro de Deus. A Palavra diz que no momento que Ezequiel começou a profetizar, os ossos começaram a criar pele. E aqueles ossos, aqueles esqueletos, foram tomando forma de carne, e a carne foi preenchendo cada espaço, cada lugar. Porém o profeta percebeu que faltava algo: o sopro do Espírito, para que aqueles ossos que estavam tomados de pele pudessem se levantar e ter vida.

Somos chamados a profetizar sobre nossa vida, pedindo vida nova diante dos combates que estamos enfrentando. Quantas pessoas estão "vivas mortas", quantas estão andando pelo mundo tomadas pelas desesperanças, pelo medo, pela tristeza, com vontade de desistir.

Precisamos do sopro do Espírito, porque se o sopro do Espírito não acontecer em nossa vida, não vamos conseguir. Se você e eu não formos tomados pelo Espírito Santo, não daremos conta. O que me

sustenta e me faz todos os dias ter ânimo é a graça do Espírito, que me dá força, que me renova, que me reaviva. Se for preciso todos os dias ler essa Palavra, leia.

Antes de pregar, eu sou o primeiro que preciso viver, e eu luto para viver essa Palavra, eu luto para que esse sopro profetizado aconteça na minha vida: *"Vem, oh Espírito Santo, dos quatro cantos, sopra sobre estes mortos para que eles possam reviver"*.

Quantas pessoas estão mortas no nosso meio, perdidas pela face da terra. Concretamente, meus irmãos, o que nós mais devemos pedir ao Senhor na leitura deste livro é que sejamos tomados pelo Espírito Santo de Deus. Precisamos ser tomados pela certeza de que Ele é o nosso Rei, Ele é o poderoso, Ele tudo pode, pois com Ele temos tudo, mas sem Ele não temos nada.

Devemos firmar no nosso coração que os nossos problemas não são comparáveis à glória eterna, e se a morte, a tristeza, a angústia, a dificuldade, a depressão estão batendo à minha porta, eu preciso entender que elas estão de passagem. Chegou o momento de pararmos e não olharmos para trás. É momento de fazermos os cálculos, vermos o que é preciso renovar, onde preciso me direcionar, onde eu me desviei.

Não questione Deus pelo que você está passado, peça apenas que esse sopro lhe dê ânimo todos os dias e o faça sorrir, mesmo em meio às tristezas. Que o faça olhar para frente, porque a nossa vida é uma caminhada constante.

No nosso meio ainda existem ossos que precisam de carne. Eu profetizo que, nesta leitura, os ossos secos sejam preenchidos de carne. Porém, se você já está com os ossos preenchidos, eu profetizo a bênção do Espírito sobre você, para que você possa ir adiante, para que você tenha essa perseverança tão concreta, para que você assuma que é um guerreiro.

Olha que lindo o que a Palavra diz: "Quando eles se levantaram, pareciam um exército". Você faz parte do exército de Deus, você é um guerreiro, precisamos assumir isso. Assuma que você está do lado da vitória, que é vitorioso.

O profeta precisa ser sentinela; e o combatente, intercessor, porque aquele que intercedi precisa saber profetizar. Você não imagina a batalha espiritual que eu travo todos os dias. E sabe qual é o segredo para vencê-la: não desistir.

Quem olha para mim, pode dizer: "Oh, o padre é do fogo, das labaredas", mas você não sabe o que está no meu coração, as minhas lutas diárias. Às vezes eu desanimo, mas falo: "Senhor, vem ao meu encontro, eu não aguento mais". Então paro, respiro e continuo.

Meus irmãos, se não fosse a ação do Espírito Santo sobre a minha vida, eu nada teria. Tudo que eu vivo é pela ação do Espírito Santo, e peço diariamente esse sopro para me dar entusiasmo e ser um vitorioso. Eu nasci para a vitória, você nasceu para a vitória! Mas é necessário que eu assuma isso na minha vida, pois, se eu assumo, a graça acontece. Deus não demora, Deus capricha, tudo é questão de tempo.

O espírito de Deus está sendo derramado sobre nós. O Senhor quer fazer o novo. Você precisa ser sentinela.

A Palavra de Ezequiel 33 diz:

> Filho do homem, fala a teus compatriotas e dize-lhes: "Quando eu faço vir a espada contra um país, a população desse país escolhe um dos homens da região e o coloca como sentinela. Ao ver a espada que vem contra o país, ele toca a trombeta para advertir o povo. Se

alguém escutar o toque da trombeta, mas não lhe der atenção, e com isso for atingido pela espada, será responsável pela própria morte. Escutou o som da trombeta, mas não deu atenção; é responsável pela própria morte. Se tivesse dado atenção, teria escapado com vida. Se, porém, o sentinela vê a espada se aproximando e não toca a trombeta, de modo que o povo não é advertido, e a espada vem e tira a vida de algum deles, pedirei contas desta vida ao sentinela, mesmo que a pessoa tenha morrido por própria culpa. Quanto a ti, filho do homem, eu te coloquei como sentinela para a casa de Israel. Logo que ouvires alguma palavra de minha boca, tu os advertirás de minha parte".

Você precisa ser sentinela. Você precisa se assumir como combatente e estar atento à voz do Senhor, para que, quando a trombeta tocar, você avise com a sua vida, com as suas ações, com as suas atitudes.

Perceba quantas coisas têm acontecido em nossos tempos, quantas ideologias têm se levantado em nosso meio. Vivemos no tempo de turbulências, de barulhos. O mundo tem tentado destruir a verdade, deturpar a Palavra do Senhor.

Eu tenho falado muito da necessidade de sermos o quinto evangelho, atitude que o Papa Francisco tem pedido tanto. Tem muita gente que não terá a oportunidade de conhecer a Palavra de Deus, de ler ou escutar os evangelhos de Lucas, Marcos, João, Mateus, mas será você, com a sua vida, que levará essa mensagem a ela. Com a sua vida você testemunhará um Deus vivo e verdadeiro. O mundo precisa de pessoas, de combatentes tomados pela ação do Espírito Santo, que levem a Palavra de Deus ao mundo. Homens e mulheres que não desistem fácil têm um propósito de Deus na sua vida. Então, lute pela bênção e faça valer.

Uma das coisas que mais trabalho dentro de mim é o ato de proclamar as bênçãos. Não olhe mais para trás. Chega de condenação, de dedo na cara, de olhar os erros dos outros e não assumir as nossas fraquezas, as nossas limitações. Pois, quando nós assumimos as nossas misérias e fraquezas, quando nos humilhamos, a ação de Deus acontece. Quando eu me coloco em prontidão, assumindo que não sou nada, eu vou mais além. Precisamos confiar, precisamos de homens e mulheres profetas que declarem as bênçãos.

Eu não sei quais ossos secos envolvem a sua vida. Eu não sei onde você precisa ser revestido de carne, de vida nova, mas uma certeza eu tenho: Deus está agindo na sua vida. *Lutar sempre, desistir jamais* será um grande sopro do Espírito Santo para homens novos e mulheres novas que levantam a bandeira da santidade, vivendo o PHN, dizendo não ao pecado, combatendo o bom combate, proclamando o poderoso Deus.

Eu renuncio a todo espírito de derrota na sua vida. Chega de se fazer de vítima. Tem muita gente que gosta de ser osso ressequido, porém você não nasceu para ser osso ressequido, mas para ser bênção pela ação do Espírito Santo. Você nasceu para combater o bom combate.

Vou reforça o que está na Palavra do Senhor: "Vem, o Espírito Santo, dos quatro ventos, sopra sobre esses ossos para que eles possam reviver. Profetizei, o profeta disse conforme fora ordenado, e o Espírito entrou neles, eles reviveram e se puseram de pé qual imenso exército".

Senhor Jesus, pelo poder do Teu nome, nesta santa oração, o que eu Te peço é essa grande ação do Espírito Santo que renova a minha vida, que faz novas todas as coisas. Eu peço, Senhor, o Teu Santo Espírito, que age, agiu e agirá.

Reze com fé, meu irmão, pois você sabe onde precisa do sopro de Deus em sua vida. Você sabe onde os ossos ainda estão tomados e onde a carne ainda precisa vir, onde o sopro do Espírito ainda precisa acontecer. Você conhece as suas tribulações, dificuldades, os seus medos, suas angústias, tristezas e dores. Você sabe que precisa de uma vida nova. E eu o convido agora a falar para o Senhor a palavra que Ele garante a você: "Pedir e vos será dado, buscai e encontrareis, batei e vos será aberta. Porque todo que pedi, recebi; que busca, encontra; para quem bate, a porta vai se abrir". Fale sem medo, dependa do Senhor, entregue seu coração, peça esse ânimo, entusiasmo, essa vida nova. Apresente o seu impossível a Deus, porque o Senhor pode realizar. Para Ele tudo é possível. Vem, Espírito. Vem, Espírito de Deus.

Agora é a hora da decisão

Chegou, pois, a uma cidade da Samaria, chamada Sicar, perto da propriedade que Jacó tinha dado a seu filho José. Havia ali a fonte de Jacó. Jesus, cansado da viagem, sentou-se junto à fonte. Era por volta do meio-dia. Veio uma mulher da Samaria buscar água. Jesus lhe disse: "Dá-me de beber!" Os seus discípulos tinham ido à cidade comprar algo para comer. A samaritana disse a Jesus: "Como é que tu, sendo judeu, pedes de beber a mim, que sou uma mulher samaritana?" De fato, os judeus não se relacionam com os samaritanos. Jesus respondeu: "Se conhecesses o dom de Deus

e quem é aquele que te diz: 'Dá-me de beber', tu lhe pedirias, e ele te daria água-viva". A mulher disse: "Senhor, não tens sequer um balde, e o poço é fundo; de onde tens essa água-viva? Serás maior que nosso Pai Jacó, que nos deu este poço, do qual bebeu ele mesmo, como também seus filhos e seus animais?" Jesus respondeu: "Todo o que beber desta água, terá sede de novo; mas quem beber da água que eu darei, nunca mais terá sede, porque a água que eu darei se tornará nele uma fonte de água jorrando para a vida eterna". A mulher disse então a Jesus: "Senhor, dá-me dessa água, para que eu não tenha mais sede, nem tenha de vir aqui tirar água". A mulher lhe disse: "Senhor, vejo que és um profeta! Os nossos pais adoraram sobre esta montanha, mas vós dizeis que em Jerusalém está o lugar em que se deve adorar". Jesus lhe respondeu: "Mulher, acredita-me: vem a hora em que nem nesta montanha, nem em Jerusalém adorareis o Pai. Vós adorais o que não conheceis. Nós adoramos o que conhecemos, pois a salvação vem dos judeus. Mas vem a hora, e é agora, em que os verdadeiros adoradores adorarão o Pai em espírito e verdade. Estes são os adoradores que o Pai procura. Deus é Espírito, e os que o adoram devem adorá-lo em espírito e verdade". A mulher disse-lhe: "Eu sei que virá o Messias (isto é, o Cristo); quando ele vier, nos fará conhecer todas as coisas". Jesus lhe disse: "Sou eu, que estou falando contigo". Muitos samaritanos daquela cidade acreditaram em Jesus por causa da palavra da mulher que testemunhava: "Ele me disse tudo o que eu fiz". Os samaritanos foram a ele e pediram que permanecesse com eles; e ele permaneceu lá dois dias. Muitos outros ainda creram por causa da palavra dele, e até disseram à mulher: "Já não é por causa daquilo que contaste que cremos, pois nós mesmos ouvimos e sabemos que este é verdadeiramente o Salvador do mundo".

Acredito que todo aquele que terminar a leitura deste livro não irá mais querer ser a mesma pessoa. Creio que todos nós precisamos e queremos ser pessoas melhores, diferentes. Precisamos sair desta leitura com decisões, e decisão é cisão, pois corta o velho e deixa o novo adentrar no nosso coração.

Antes de me aprofundar neste capítulo, quero deixar alguns passos para que você possa tomar suas decisões com fé e ousadia. Para que você tenha uma boa decisão, a primeira coisa que deve fazer é colocar de lado a vontade própria; depois reze muito pedindo a Deus a sabedoria devida para se decidir. No momento em que estiver orando ao Pai, pare para escutar Sua voz, deixe de lado seus sentimentos e peça conselhos a algumas pessoas de sua confiança. Isso será muito importante, pois você escutará outras opiniões e, por fim, tomará a sua decisão.

A essência de cada capítulo deste livro é o desejo de mudar, assumir que somos de Deus, deixar a vida velha e começar uma vida nova. Porém, para vivermos isso, temos que ser literalmente homens e mulheres de coragem, porque somente com muita coragem é que nós conseguiremos dizer não às coisas desse mundo, que, muitas vezes, quer nos desviar Daquele que é o caminho, a verdade e a vida.

Somente um homem corajoso e uma mulher corajosa saberão dizer não a tudo que o mundo oferece. Eu tenho certeza que estou diante de homens e mulheres de coragem.

Neste capítulo, quero propor para você a palavra decisão. Você precisa, com a sua vida, mostrar às pessoas como é a expressão de uma pessoa decidida por Cristo e como ela enfrenta o combate do dia a dia. Mostre com a sua vida, com a sua entrega, com a sua coragem. Não somos melhores que ninguém, mas podemos afirmar que Deus não escolhe os capacitados, Ele capacita os escolhidos.

Nós vivemos em um mundo de murmuração e trazemos uma tendência muito grande ao negativismo. Lembro-me agora do povo do Antigo Testamento que começou a reclamar porque Deus os tinha tirado da escravidão e, mesmo assim, estavam reclamando porque no caminho não tinha água: "Foi para nos fazer morrer de sede que nos tirastes". O povo não se lembrava da escravidão que vivia lá no Egito e de tudo que eles sofreram, mas, no momento em que faltou água, a murmuração entrou e se esqueceram de todos os feitos, todos os bens. Então o nosso Deus, que é rico em misericórdia, mandou pegar a vara e fez chover no monte, porque o nosso Deus é o Deus do impossível.

Quantas vezes você e eu desconfiamos do nosso Deus, quantos milagres Ele já operou na nossa vida, na nossa família, na nossa casa, porém, basta uma coisinha acontecer para querermos olhar para trás e desistir. Então começam as murmurações, as reclamações, e esquecemos o que outrora Ele já fez e está fazendo na nossa vida. Não podemos nos esquecer de fazer memória de onde nós viemos e o que somos hoje. Projete um futuro pautado em Deus, não fique no passado. Muitos de nós estamos presos ao passado e, com isso, não vivemos o presente e prejudicamos o futuro. Confie no Senhor. É tempo de decidir por um tempo novo e lutar por ele.

Trabalhe em você essa confiança, pois tudo tem a sua hora, o seu momento, mas é preciso confiar e se lançar. É preciso acreditar que Deus vai prover, e isso é um exercício diário. É preciso exercitar a confiança no Deus que conhece o nosso coração, por isso diz o Salmo: "Não fecheis os vossos corações, mas ouvi a voz do Senhor". Precisamos de uma fé madura, porque a fé se mostra quando nos lançamos em algo que não existe. A palavra de Hebreus nos fala: "Fé é a esperança naquilo que não se vê". Quando eu tenho fé, quando eu confio, mesmo que eu não veja, eu me lanço e acredito que vai acontecer.

Neste capítulo, peço a Deus que você tome a decisão de uma vida nova. Estamos aqui para sairmos desta leitura com a decisão de vida nova, mas para que essa vida nova aconteça, é preciso confiar. É fundamental que o cristão saiba que, mesmo pautado, alicerçado e firmado em Deus, tudo pode acontecer, mas nada pode nos abalar.

Às vezes um vento nos abala, mas chega de melindres, chega de mais ou menos, pois o cristão de verdade nasceu para ser fervoroso no espírito, acreditar, lançar-se e confiar com ousadia, vontade e desejo. Cada um tem um chamado, e é preciso fazê-lo com vida, com amor.

O padre Jonas nos ensina que somos profissionais de Deus. Não posso ser mais um padre, mais um cristão. Precisamos ser homens e mulheres decididos a ser de Cristo e a viver em Cristo. Somos todos filhos de Deus e precisamos fazer a diferença, pois, quando eu me coloco para fazer a diferença, a graça de Deus acontece.

Para confiar, para ter essa fé, eu tenho que ser todo dia preenchido pelo Espírito Santo de Deus e experimentar essa graça. Não termine a leitura deste livro do mesmo jeito, tome uma decisão, faça a diferença na sociedade, faça valer o nome de filhos de Deus, busque o desejo de salvar almas, de se desgastar, de suar, de cansar, de não sossegar enquanto todos aqueles que estão ao seu redor possam escutar e sentir Jesus. Seja profeta, profetize com a sua vida, com o seu testemunho.

Temos que ser homens e mulheres de entusiasmo. Não seja empolgado, seja entusiasmado, repleto do Espírito Santo. Busque a água viva, porque quem beber dessa água, jamais terá sede. Eu tomo posse, Senhor, pois, uma vez que eu bebo dessa água, jamais terei sede.

Eu determino, Senhor, que a minha vida seja de bênção e unção, confiança e certeza do Teu amor. Eu renuncio a tudo aquilo que me faz olhar para trás, os medos, a desconfiança, a hipocrisia, a idolatria, as falsas enfermidades, as falsas doutrinas. Eu renuncio a tudo isso e assumo, Senhor, pelo poder do Teu Espírito, que eu sou nova criatura, e como nova criatura, mostrarei obras com a minha vida, porque a árvore boa produz frutos bons. Eu assumo, Senhor, que a minha raiz é pura, que eu vim de uma árvore boa e que sou fruto bom. Eu vou produzir mais frutos e vou multiplicá-los, essa é a minha missão, o meu desejo, a minha verdade, o que está no meu coração.

Maria, a combatente por excelência

"Mãezinha do céu, eu não sei rezar. Eu só sei dizer eu quero te amar. Azul é seu manto, branco é seu véu. Mãezinha, eu quero te ver lá no céu. Mãezinha, eu quero te ver lá no céu. Mãezinha do céu, mãe do puro amor, Jesus é seu filho, eu também o sou".

Quem nunca cantou essa canção quando criança? Acredito que muitos de nós já fomos embalados nos nossos sonos com essa música.

Quero, neste capítulo, falar da grande combatente, que lutou muito, foi firme e perseverante: Maria, nossa mãe.

Vivemos um eterno combate, pois a vida do cristão é um eterno combate. E qual é o sustento do cristão para vencer o combate? O que fazer para vencer o combate? Vivemos uma luta entre o bem e o mal.

O primeiro sustento para o cristão combater o bom combate é a vida de oração. Só se vence o combate se tiver vida de oração. O segundo sustento é a Palavra de Deus, e o terceiro é Maria. Para o cristão vencer o bom combate, é preciso assumir a Virgem Maria e ser um cristão mariano de verdade, pois ela é, para nós, exemplo de quem combateu o bom combate e foi fiel até o fim. Nossa Senhora quer dizer para você, que se encontra triste ou até mesmo perdido, que ela não o deixará só. Ela o acompanhará nesse combate e será a sua companheira e amiga.

Há uma canção que diz: "Quem é essa que avança como aurora, temível como exército em ordem de batalha...". É com esse desejo no coração que temos que viver a batalha diária. Somos convidados diariamente a enfrentar esse combate. E para vencê-lo, devemos ser como a Virgem Maria e combatermos com excelência.

Só venceremos as batalhas se formos verdadeiramente homens e mulheres de Nossa Senhora, católicos, apostólicos romanos, marianos, carismáticos, renovados e praticantes. Precisamos assumir Maria para enfrentarmos o combate. Pois, ou somos marianos, ou não vamos conseguir, porque foi ela que pisou na cabeça da serpente. É preciso ter Maria em nosso coração.

Amados leitores, Maria é a cópia viva do seu filho, ela é exemplo para todos nós. Ela nos traz as virtudes necessárias que precisamos viver para vencermos o bom combate. Ela é exemplo de castidade, generosidade, temperança, ousadia, coragem, paciência.

A virtude da paciência está impregnada em Maria. Como ela, precisamos ser pacientes para enfrentar o bom combate, pois sem a paciência, perderemos a esperança. Você quer vencer o bom combate? Tenha paciência.

A Virgem Maria nos mostra a virtude da caridade e, principalmente, da humildade. Por quantas humilhações essa mulher passou, e para cantar o magnífica, ela sofreu, teve que se humilhar, foi caluniada, desprezada, mas ficou em silêncio. Para vencer o combate, é preciso, por muitas vezes, silenciar, calar, confiar e esperar.

Só venceremos o combate se formos dóceis a toda ação do Santo Espírito de Deus.

Cristão verdadeiro precisa ter a coragem de imitar Nossa Senhora, porque ela é para nós exemplo de mulher. A Palavra de Deus, em Lucas 11,27-28, diz: "Enquanto Jesus assim falava, uma mulher levantou a voz no meio da multidão e lhe disse: 'Feliz o ventre que te trouxe e os seios que te amamentaram'". E Ele respondeu: "Felizes, sobretudo, são os que ouvem a Palavra de Deus e a põem em prática".

Feliz é aquele que coloca em prática a Palavra de Deus. A Palavra nos fala que nem todo aquele que diz "Senhor, Senhor" entrará no Reino do Céu, mas aquele que colocar a Palavra em prática.

Nessa passagem, Jesus nos ensina que Maria não cumpriu apenas o papel físico de concebê-Lo, mas também as Suas palavras: "Eu sou a serva do Senhor, faça-se em mim segundo a Tua palavra". Entenda que para vivermos um bom combate, para vivermos a luta diária da vida, precisamos fazer a vontade de Deus. Para vivermos o bom combate, devemos ser determinados, disciplinados, ousados.

Maria aceitou ser mãe de Jesus e passou por muitas dificuldades: a dor de perder seu filho na multidão, dificuldades financeiras, a morte de seu esposo, a dor de ver seu filho ser perseguido. Porém ela venceu tudo isso. Maria é uma combatente por excelência. Seja um combatente também.

Quer vencer a luta diária? Seja Mariano, assuma Maria com garra. Maria, no momento da cruz, não deixou de combater. Ela sofreu, mas não abandonou Jesus e foi fiel até o fim. Somos chamados também a sermos fiéis. Vamos admitir dentro de nós e querer viver essas virtudes de Nossa Senhora.

Se não fosse a fé, a vivência prática do dia a dia, Maria não teria ficado com Jesus até a cruz. Ela teve motivos para desistir, ela poderia ter dito "não" no momento em que o anjo Gabriel apareceu, pois ela era livre. Porém Maria foi a escolhida.

Nossa Senhora tem o papel de animar a igreja com a alegria que vem do Senhor, assumindo Ele como o caminho, a verdade e a vida, aí está a verdadeira alegria. Mentirosa é a igreja que prega que todos os problemas acabarão se a frequentarmos. A Palavra de Jesus já nos diz: "quem quiser ser meu discípulo, renuncie a si mesmo, toma a tua cruz e me siga". Se tem uma pessoa que assumiu a cruz, essa é a Virgem Maria, a mãe de Deus.

Em Atos dos Apóstolos 1,12-14 está escrito:

> Então os apóstolos deixaram o Monte das Oliveiras e voltaram para Jerusalém, à distância que se pode andar num dia de sábado. Entraram na cidade e subiram para a sala de cima onde costumavam ficar. Eram Pedro e João, Tiago e André, Filipe e Tomé, Bartolomeu e Mateus, Tiago, filho de Alfeu, Simão Zelota e Judas, filho de Tiago. Todos eles perseveravam na oração em comum, junto com algumas mulheres – entre elas, Maria, mãe de Jesus.

São Bernardo, doutor da igreja, disse que Deus quis que recebêssemos tudo por Maria. E de fato, por ela, veio o Salvador e muito mais. Sem dúvida, o papel predominante da Santíssima Virgem é ser mãe da igreja e nossa mãe. São Lucas, primeiramente, destaca que, além dos apóstolos, Nossa Senhora também foi recordada pelo seu nome e faz questão de apresentá-la explicitamente como mãe de Jesus, que combateu o bom combate, perseverou e não desistiu. Essa passagem ocorre logo após a morte de Cristo.

Eu o convido agora a colocar Maria na sua vida. Não desista, tenha coragem de pegar o terço, rezar e proclamar a Jesus.

Para viver o combate, precisamos ter docilidade e viver as coisas que o Senhor nos apresenta. Somente vencemos o combate quando lutamos, e a luta se faz com Maria, o Espírito Santo, o terço na mão, jejum e oração.

Nossa Senhora, em suas aparições, pede-nos que rezemos, jejuemos, convertemo-nos e mudemos de vida. Ela não aparece para nós para que a glorifiquemos, mas para nos mostrar que a salvação está em Jesus Cristo.

O que estamos vivendo aqui é um reavivamento, uma conversão, e temos que viver isso diariamente. Chega de fraqueza, de aridez, pois a Palavra nos diz que devemos ser quentes ou frios, pois, se formos mornos, seremos vomitados pelo Senhor. Temos que ser quentes no Senhor e no Espírito Santo para vencermos a batalha. Nós somos vencedores.

Este livro quer trazer para você, amigo leitor, um verdadeiro abastecimento espiritual. Como um posto de gasolina, você será abastecido com esta leitura. Abra o seu tanque, deixe o combustível do Espírito Santo transbordar em sua vida. Viva a oração, a Palavra. Assuma Maria e espere em Deus.

Como um padre mariano, proponho a você que também o seja e enfrente com alegria o combate. Nossa Senhora, mãe de Deus e nossa, rogai por nós!

Vencer o combate com a Eucaristia

Neste capítulo, quero partilhar com você algumas armas necessárias para vencermos o combate. Sabemos que a oração e a Palavra de Deus são armas poderosas para vencermos o combate, pois nelas temos as instruções necessárias para enfrentarmos o mal. Vimos, também, no capítulo anterior, que para vencermos a batalha, precisamos ser marianos. Outra arma necessária é a confissão, pois, quando assumimos nossa fraqueza, tomamos coragem de recomeçar e enfrentar a luta do dia a dia.

Quatro armas que podem nos ajudar muito a combater o bom combate. Essas são as armas de todo cristão. Neste capítulo, quero, ainda, falar de uma quinta arma que devemos possuir para enfrentarmos o combate: a Eucaristia, que é o próprio Jesus.

Quando vivemos a oração, a Palavra de Deus, com a Virgem Maria, a confissão, estamos também vivendo e assumindo a beleza da Eucaristia em nossa vida. Jesus quer Se dar a cada um de nós pela Eucaristia, pois ela é alimento vivo. Se estivermos imbuídos da oração, de uma boa prática da Palavra, da presença da Virgem Maria, da confissão e recebermos Jesus, com certeza, a vitória será nossa.

A Eucaristia é um sacramento de cura, é a nossa defesa, é a fortaleza dos santos, é o nosso tesouro, semente de vida. E aqui está a beleza do bom combatente. A Palavra de Deus, em Lucas 22,14-20, diz:

> Quando chegou a hora, Jesus pôs-se à mesa com os apóstolos e disse: "Ardentemente desejei comer convosco esta ceia pascal, antes de padecer. Pois eu vos digo que não mais a comerei, até

que ela se realize no Reino de Deus". Então pegou o cálice, deu graças e disse: "Recebei este cálice e fazei passar entre vós; pois eu vos digo que, de agora em diante, não mais beberei do fruto da videira, até que venha o Reino de Deus". A seguir, tomou o pão, deu graças, partiu-o e lhes deu, dizendo: "Isto é o meu corpo, que é dado por vós. Fazei isto em memória de mim". Depois da ceia, fez o mesmo com o cálice, dizendo: "Este cálice é a nova aliança no meu sangue, que é derramado por vós".

O Catecismo da Igreja Católica, no número 1324, diz: "A Eucaristia é fonte ápice de toda vida cristã", ou seja, a Eucaristia é o momento mais sublime, mais importante.

Não estou dizendo que o terço não é importante, que sua novena não é importante, mas estou afirmado que a Eucaristia é o momento ápice, o momento mais importante que eu preciso desejar para enfrentar o combate.

E continua: "Pela celebração eucarística já nos unimos à liturgia do céu e antecipamos a vida eterna, quando Deus será tudo em todos. Em sua palavra, a Eucaristia é o resumo e a súmula da nossa fé: nossa maneira de pensar, concordar com a Eucaristia e, por sua vez, a Eucaristia confirma a nossa maneira de pensar".

O próprio Jesus nos disse: "Fazei isso em minha memória". E continua o Catecismo da Igreja Católica: "O mandamento de Jesus de repetir seus gestos e palavras não pedi que apenas se recorde de Jesus e do que Ele faz, mas que vise à celebração litúrgica pelos apóstolos e seus sucessores do memorial de Cristo e de sua vida, de sua morte, ressurreição e intercessão junto ao Pai. É, sobretudo, no primeiro dia da semana, o dia da ressurreição do Senhor, que os cristãos se reúnem para partir o pão. Desde aqueles tempos até os nossos dias, a celebração da Eucaristia perpetuou-se de sorte que hoje a encontramos em toda parte da igreja com a mesma estrutura fundamental, ela continua sendo o centro da vida da igreja". Então, qual é o centro da nossa vida? A Eucaristia, porque é o próprio Jesus.

Vamos continuar no Catecismo: "De celebração em celebração, anunciando o mistério pascal de Jesus até que Ele venha. O povo de Deus, em peregrinação, avança pela porta estreita da cruz em direção ao banquete celeste, quando todos os eleitos se sentaram à mesa do Reino de Deus".

A Eucaristia é a força do combatente, o maior presente que nos é dado. O alimento que nos dá força e que nos restaura.

Vamos entrar agora na beleza da adoração ao Senhor Deus único e verdadeiro. Precisamos buscá-Lo diariamente, pois não vamos conseguir vencer as batalhas se não formos imbuídos do Senhor. Busque Jesus e tudo mais lhe será dado por acréscimo, só assim você assumirá o ser combatente de Deus.

O Catecismo, no número 2096, diz-nos: "A adoração é o primeiro ato da virtude da religião. Adorar a Deus é reconhecê-lo como tal, Criador e Salvador, Senhor e Dono de tudo quanto existe, Amor infinito e misericordioso". Temos que adorar a Deus no respeito e na submissão absoluta, reconhecendo o nada da criatura. Estamos vivendo um tempo em que esquecemos quem é o Criador e a criatura. Temos que entender que somos criaturas do Criador, que é Deus. É Ele quem olha para nós todos os instantes. O Deus de amor nos olha.

O Catecismo continua: "Adorar a Deus é, como Maria no Magnífica, louvá-lo, exaltá-lo e humilhar-se, confessando com gratidão que Ele fez grandes coisas e que o seu Nome é santo. A adoração do Deus único liberta o homem de se fechar sobre si próprio, da escravidão do pecado e da idolatria do mundo".

Quanto tempo você tem dado para Deus na adoração? Para o combate ser vencido, temos que buscar as armas necessárias, e essa arma é a fundamental, a Eucaristia, Jesus no Santíssimo Sacramento do altar, a sagrada comunhão. Mas qual é o tempo que estamos dando ao Senhor?

Vamos começar hoje uma nova história. Ao terminar esta leitura, busque uma igreja, faça sua comunhão, sua adoração. Saia desta leitura com o propósito de viver uma oração diária, de viver a prática da Palavra, de assumir o seu ser mariano, buscar a confissão necessária, adorar ao Senhor, comungar o Senhor. Assim você receberá a vitória no tempo certo, no tempo de Deus.

Estamos, aqui, mostrando a você as determinações necessárias e o que você precisa melhorar para vencer o combate. Vamos voltar ao primeiro amor. Um combatente que não vive a Eucaristia e a adoração não vai aguentar.

Para confirmar tudo o que estou escrevendo aqui, leia no livro de João 6,51:

> Eu sou o pão vivo que desceu do céu. Quem come deste pão viverá eternamente. E o pão que eu darei é a minha carne, entregue pela vida do mundo. Em verdade, em verdade, vos digo: se não comerdes a carne do Filho do Homem e não beberdes o seu sangue, não tereis a vida em vós. Quem se alimenta com a minha carne e bebe o meu sangue tem a vida eterna, e eu o ressuscitarei no último dia. Pois minha carne é verdadeira comida e meu sangue é verdadeira bebida.

A Palavra do Senhor nos mostra o que precisamos para alcançarmos a vida eterna e a salvação. O mundo quer que nos prostremos diante de outros deuses, mas nós sabemos que só existe um Deus, único e verdadeiro, que nos ama e nunca vai deixar de nos amar, mas eu preciso corresponder a esse amor, que é o pão vivo que desceu do Céu.

Meus irmãos, recomeçar é começar diferente. Se até agora erramos, começaremos um novo tempo. Como você vai vencer se não fizer a sua parte? Eu falo com autoridade para você, caro leitor: Anime-se. Faça a sua parte, busque e tudo mais lhe será dado por acréscimo. Comungue Jesus, viva Jesus, adore Jesus, que serão salvos você e sua casa. Mas não queira desviar, fazer o seu caminho, pois você sabe quais são as armas. Vamos fazer um Brasil orante, fervoroso, composto de homens e mulheres adoradores em espírito e verdade. Se você não tem um sacrário perto de você, dobre o joelho dentro do seu quarto, louve e bendiga a Deus. Adore ao Senhor, seu Deus, de todo coração, assim você vai se fortalecer, vai à Missa, vai à comunhão com alegria. Só quem se determina e se entrega chegará ao Céu.

Acredito que, no decorrer da leitura deste livro, muitas palavras estão martelando em sua mente, e esse é o objetivo, precisamos de decisão, pois você e eu somos chamados, todos os dias, a nos decidirmos pelas coisas do Alto, do Céu. Assim, dia a dia, vamos alcançando a vitória.

Tudo é possível para aquele que crê, para aquele que vive, que pratica. Assuma Jesus, comungue Jesus, adore ao Senhor.

Pense nos propósitos que você precisa para sua vida, qual é a área da sua vida que precisa de um novo rumo, onde você precisa dar um ganho, viver com eficácia, viver com mais responsabilidade. Você sabe do que precisa, basta concretizar com atitudes. Quando vivermos tudo isso, seremos verdadeiros combatentes e guerreiros.

Não será fácil, pois o inimigo de Deus está imprimindo em nós aridez, cansaço, mas ele não tem poder sobre nós. Eu preciso ser um homem de oração, de busca diária de santidade, de determinação.

Neste dia, Senhor, eu quero me comprometer ao tempo novo, de graça, de bênção. Eu me comprometo, Senhor, a viver uma vida de oração diária, perseverante, determinada, a viver a Palavra na minha vida, porque eu sei que a Tua palavra tem poder. Me comprometo a buscar a Virgem Maria para viver as virtudes. Eu me comprometo a buscar a confissão e fazer o novo na minha vida. Eu me comprometo a ser um verdadeiro adorador. Me comprometo a ser fiel à santa Missa, a buscar a santidade.

A oração é uma necessidade vital

Bendito seja o Senhor por tudo que estamos vivendo até aqui, na leitura deste livro. Percebo que Deus está fazendo um caminho de perseverança e determinação para todos nós. Os capítulos estão se cruzando e vejo que a cada momento vamos assumindo a necessidade de sermos verdadeiros homens de oração para enfrentarmos o combate.

A luta que travamos para não rezar é grande, as dificuldades que trazemos para desistir são inúmeras, mas a vida de oração nos ajuda a permanecer na presença de Deus. A oração é uma necessidade vital na minha e na sua vida.

O Catecismo da Igreja Católica diz: "A oração e a vida cristã são inseparáveis. Para que se mantenha viva em mim a chama da fé, é preciso fortalecê-la pela oração. A oração é um ato de amor a Deus e uma experiência de amor com Deus, é possível viver uma vida contínua de oração em meio à correria do nosso dia a dia". E continua nos números 2743 e 2744:

> Orar é sempre possível. O tempo do cristão é o de Cristo Ressuscitado, que está conosco todos os dias, sejam quais forem as tempestades. O nosso tempo está na mão de Deus. É possível, mesmo no mercado ou durante um passeio solitário, fazer oração frequente e fervorosa; sentados na vossa loja, a tratar de compras e vendas, até mesmo a cozinhar. Orar é uma necessidade vital. A demonstração do contrário não é menos convincente: se não nos deixarmos conduzir pelo Espírito Santo, recairemos na escravidão do pecado. Ora, como pode o Espírito Santo ser a nossa vida se o nosso coração estiver longe d'Ele? Nada igual ao valor da oração; ela torna possível o impossível, fácil o difícil. É impossível que o homem que ora caia no pecado. Quem reza salva-se, de certeza; quem não reza condena-se, de certeza.

A oração é uma necessidade vital. Devemos rezar em todos os momentos da vida. Em Tiago 1,5 diz: "A oração a Deus deve ser feita com fé". E em Mateus 6,10 está escrito: "De acordo com a vontade de Deus". E em Lucas 18,1: "Persistente", e, por último, "com ação de graças".

Vou falar para aprendermos: a oração deve ser feita com fé, de acordo com a vontade de Deus, persistente e com ação de graças para a glória de Deus.

Neste capítulo, quero trazer para você esta certeza: o combatente é aquele que verdadeiramente tem uma vida de oração – em casa, no trabalho, na escola, no supermercado. Em tudo o que fazemos, devemos orar, confiar, entregar-se a Deus e se lançar Nele. É preciso ter uma vida de oração pautada na Palavra, vivenciando-a cada vez mais. Deus age quando o povo reza, quando o povo se levanta na oração. Deus age poderosamente quando vê a verdade do meu e do seu coração.

Muitas pessoas me procuram para reclamar, para fofocar, mas poucas me procuram para rezar e louvar. O povo reclama do Brasil, dos nossos governantes, mas será que ele tem rezado? Tem dobrado seu joelho pelas autoridades, por aqueles que estão à frente?

Em ITimóteo 2 está escrito: "Admoesto, pois, antes de tudo para que se façam deprecações, orações e intercessões em ação de graças por todos os homens, pelos reis e por todos que estão em eminência, para que tenhamos uma vida quieta e sossegada em toda piedade e honestidade". A Palavra está pedindo ao povo e convocando-o para uma vida de oração, uma vida de intercessão, uma vida que se lança e confia verdadeiramente.

Muitas vezes buscamos a oração quando estamos em aflição, mas devemos entender que, se fizermos isso, não estamos tendo vida de oração, mas apenas um momento de oração. A oração precisa ter uma constância. O combatente não vive de empolgação, mas de entusiasmo. E quem proporciona esse entusiasmo é o Espírito Santo, que nos impulsiona a uma vida de oração constante, perseverante para orar com fé, com insistência.

É pela ação do Espírito Santo que vou orar constantemente, que vou dobrar os joelhos, que vou confiar. A oração em nossa vida é vital. Preciso rezar 24 horas, porque a própria Palavra diz: "orai e vigiai para não caíres em tentação". O encardido está solto, e se nós não tivermos uma vida de oração, iremos vacilar, por isso é preciso estar na constância. Em Marcos 1,35, Jesus nos deixou o maior exemplo de uma vida de oração, quando disse: "Levantando-se de manhã, muito cedo, fazendo ainda escuro, saiu e foi para um lugar deserto e ali orava". Jesus tinha uma vida de oração.

Se não tivermos uma vida revestida em Deus, Satanás nos pegará. Muitas famílias estão destruídas porque não tiveram uma vida de oração e abriram brechas para que Satanás entrasse. Precisamos orar como Daniel (6,10):

> Em consequência, o rei Dario fez redigir o documento contendo a referida interdição. Ouvindo essa notícia, Daniel entrou em sua casa, a qual tinha no quarto de cima janelas que davam para o lado de Jerusalém. Três vezes ao dia, ajoelhado, como antes, continuou a orar e a louvar a Deus. Então esses homens acorreram amotinados e encontraram Daniel em oração, invocando seu Deus.

Daniel prostrou-se de joelhos a rezar, dando graças e orando. Você tem ajoelhado em sua casa pedindo a Deus clemência? Você tem sido intercessor? Precisamos entender que nem todas as coisas que pedimos a Deus nos serão dadas, pois tudo tem a sua hora e o seu momento. O que nós precisamos é ficar em constante oração.

Vida de oração, paz no coração. Se eu tenho uma vida de oração, mesmo em meio às tribulações, às tempestades, eu terei paz no coração. Quantos de nós vivemos essa inquietude, essa falta de paz, essa angústia, essa preocupação, porque a nossa vida de oração não tem sido disciplinada, concreta, não tem sido verdadeira. Não adianta ficar fazendo encontros, retiros, se não formos disciplinados na oração. É preciso disciplina.

O combatente tem que rezar com força, com poder, com ousadia. Onde estivermos, devemos falar com o Senhor. Porém, uma vida de oração não é expressa apenas com palavras, mas com a vida. Será que as pessoas, quando olham para você, conseguem vê-lo como um homem ou uma mulher de oração? A minha vida tem que ser uma vida de oração, pois a oração é a força vital de um reavivamento, ela tem que estar viva e entusiasmada na força do Espírito Santo.

A maioria das pessoas só reza quando sobra tempo, quando tem uma folga, e muitos ainda falam que só irão para a Igreja quando ficarem mais velhos, pois terão mais tempo.

Queremos receber muitas bênçãos, mas não queremos orar. Porém a Palavra do Senhor diz: "Pedi e vos será dado". Talvez a bênção pedida não virá de imediato, pois tudo tem o seu tempo certo. Deus tem o melhor para nós. Entenda, combatente, que nem tudo que você acha que precisa é o melhor para você.

A Lei da Física diz que toda ação tem uma reação. Portanto, se você quer que Deus reaja na sua vida, você precisa fazer a coisa acontecer. Você precisa ter a ação de ir ao encontro Dele, de pedir, de se lançar, de acreditar, de confiar, e, automaticamente, a sua ida fará que a reação de Deus aconteça.

Ao acabar esta leitura, eu peço que você busque, lute, tenha uma vida de oração atrevida, ousada e efervescente, cheia do Espírito Santo. Proclame o nome de Jesus, viva uma vida de oração e tenha paz no coração. A vida de oração faz o nosso crescimento e o da Igreja.

Em Atos dos apóstolos diz: "Eles perseveraram na doutrina dos apóstolos na comunhão e no partir do pão e nas orações e todos que creram estavam juntos e tinham tudo em comum". Se a sua família está dividida, a vida de oração fará com que ela se una novamente, pois, quando eu tenho uma vida de oração, eu tenho paz e enfrento as tempestades, as doenças, os problemas. Eu sei dizer sim à vida, a Deus, e sei dizer não às tentações e às maldições do encardido. Eu preciso assumir esta certeza: a vida de oração é uma necessidade vital para lutar sempre e nunca desistir.

Senhor Jesus, eu peço a graça de uma vida de oração, eu não quero parar no cansaço, nos medos, nas indiferenças, nas preocupações, nas minhas limitações, por isso peço ao Senhor, que é capaz de tudo, que me capacite e me faça novo a cada dia. Eu peço o batismo da esperança, uma vida concreta de oração, que o meu falar, o meu agir, o meu pensar sejam em oração, sejam para buscar as coisas do Alto, para buscar o Céu. Eu renuncio, Senhor, a tudo que me deixa cansado e triste, e peço a graça, Senhor, de combater o bom combate no poder da oração. Eu quero ser um homem de oração. Que meu corpo seja tomado pela oração, que a minha vida seja de oração. Eu assumo que o meu Deus é todo poderoso e que eu sou vitorioso, eu creio e assim quero viver até chegar ao céu.

A SUA TRISTEZA SE TRANSFORMARÁ EM ALEGRIA

Há uma canção que diz: "Há um Deus que te ama e Ele tudo pode transformar. Seu amor te sustentará. Espera nele e Ele tudo fará, tudo fará".

Você acredita que, mesmo em meio às tristezas, Deus tudo fará? É isso que quero falar para você. Quando nós esperamos no Senhor e depositamos a nossa esperança Nele, tudo acontecerá. Eu tenho certeza que a leitura deste livro será um divisor de águas na vida de muitas pessoas, pois, em cada capítulo, fui renovando o desejo de ser um combatente e lutar sempre, mas sem peso, sem deixar o cansaço me abater.

Sinto que, no decorrer de todos os capítulos, muitas coisas foram renovadas, e eu creio que a esperança foi uma das principais. Temos que ter a certeza de que Deus tem o controle da nossa vida. Você precisa se entregar nessa certeza, pois Deus não escolhe os capacitados, mas Ele capacita os escolhidos, e é por isso que não podemos ter medo de nos lançar. Deus não me escolheu porque eu era capacitado, mas porque queria me capacitar.

Lembro-me agora da minha primeira Missa, que celebrei no dia 17 de dezembro de 2007 no Rincão. Meu Deus, fiquei uma semana preocupado, pois não me sentia capacitado para isso, mas me lancei e Deus fez. Porque quando nos lançamos Nele, a graça acontece.

A Palavra de Deus, em Jó 14,7-9, diz: "Pois uma árvore tem esperança: mesmo que a cortem, tornará a brotar, e não faltarão os seus ramos. Se envelhecer na terra a sua raiz e morrer o seu tronco no pó, ao cheiro da água rebrotará e produzirá folhagem como planta nova".

Quando pensei neste capítulo do livro, logo me veio a palavra esperança. Então fui rezando com a passagem de Jó, esse homem que passou por tanta coisa, que tanto foi provado, mas que não perdeu a esperança, porque a sua confiança estava em Deus.

Esperança é o ato de esperar o que se deseja. Não deixe de sonhar, pois sonhar não é pecado, mas é preciso sonhar com os pés no chão e unir o sonho à oração e à ação.

Não adianta sonhar com a família santa, se eu não faço nada para isso acontecer. Não adianta sonhar com um trabalho maravilhoso, se eu não fizer com que esse trabalho aconteça. Não adianta sonhar com a casa própria, se eu não fizer minha parte. Eu creio no Deus que sonha os meus sonhos e que Suas promessas vão se cumprir, mas não será na minha hora.

Eu não sei o que você deseja, mas se o seu desejo estiver na conformidade de Deus, ele acontecerá. É preciso, e se faz necessário, esperar com alegria. Uma espera que faz ir além, uma espera que levanta, uma espera que desperta e que me faz acordar todos os dias em meio às tribulações e ter coragem. Uma espera que me faz articular, ter ideias e não ficar parado, porque eu sei que depositei minha esperança no Senhor, que fez o céu e a terra.

É assim que tenho que me lançar, é assim que tenho que viver a Palavra e confiar, pois, como diz a leitura, "uma árvore tem esperança, mesmo que a cortem". Muitas vezes na vida os cortes se fazem necessários, as lapidações fazem parte da vida. Se a lapidação está acontecendo, glória a Deus por isso. Se os cortes estão acontecendo, glória a Deus por isso. A árvore que dá fruto também leva pedrada. Se você tem levado pedrada, glória a Deus por isso. Os frutos estão acontecendo, o que você não pode é reclamar, murmurar e paralisar.

Precisamos cumprir nossa missão neste mundo. Precisamos ser homens e mulheres que renovam a esperança e a alegria dos que estão ao nosso lado. Você e eu somos filhos da luz e precisamos ser para o outro motivação, alegria, esperança. Tem pessoas que perderam tanto o gosto de viver que, quando estamos do lado delas, parece que estamos no cemitério.

Precisamos lutar contra o pecado. Não é fácil, mas precisamos renovar a alegria diária, confiar e esperar no Senhor. Claro que passamos por momentos em que temos vontade que "chutar o pau da barraca", de desistir de tudo, mas precisamos respirar e não desistir.

Neste capítulo, quero convidá-lo a renovar o nosso sim a Deus, pois precisamos renunciar a nós mesmos diariamente, tomando a nossa cruz e seguindo Jesus com alegria, sabendo que com Ele a vitória é certa. Com Ele, tudo; sem Ele, nada: é essa certeza que o mundo precisa ouvir. É essa esperança que devemos ter e essa alegria que precisa brotar no nosso coração.

Na Canção Nova, nós, consagrados, todos os anos fazemos um projeto de vida. Muitas das coisas eu não consigo fazer e coloco para ser realizada no próximo ano. Então, ao chegar o final do ano, eu vejo o que aconteceu e o que faltou. Confesso que há muitas coisas que estou carregando e que ainda não consegui realizar, mas eu não vou desistir. Vou permanecer confiante, esperando em Deus e me lançando Nele. Quando a gente confia e se lança, a graça de Deus acontece. Quando não paramos na nossa mesquinhez, nas nossas misérias, a graça de Deus acontece.

Eu bendigo a Deus esses 10 anos de sacerdócio que estou vivendo. Sou grato a Deus pelos 40 anos da Comunidade Canção Nova. Sou muito feliz pelos 4 anos que morei na missão de Palmas, onde fiz meus estudos de Teologia, tempos difíceis para minha formação, mas também tempos de vitória. Falo para todos que ter morado em Palmas foi um grande presente de Deus, pois me fez ter têmpera e saber lidar com os desafios.

Sou grato a Deus pelos 7 anos que vivi na missão do Mato Grosso. Quantas coisas eu vi a mão de Deus agir. Não falo apenas nas coisas materiais, mas, sim, do espiritual. Quantas conversões e mudanças de vidas, quantas lutas eu passei. Quando fui remanejado para Cuiabá, lembro que, no meio do caminho, indo de carro para Mato Grosso, falei para o Kenedy, um irmão de comunidade que tenho como filho: "Vamos começar as campanhas de oração naquele lugar. Não sei como será, mas vamos começar em nome de Jesus". Como foi lindo ver a primeira campanha de oração acontecendo. Mas tive que derramar muitas lágrimas, pois nada foi fácil. Precisei, muitas vezes, respirar fundo e dizer: DESISTIR JAMAIS.

Foram 7 anos de muitas alegrias, mas de muitas lutas. Para tudo sempre olhei com um olhar de esperança. Lembro-me de quando iniciei o grupo Jovens Sarados e de todas as vocações que foram chegando. Meu Deus, lembro-me do rosto de cada um deles. Se eu for falar de vocação aqui, daria outro livro, pois sei que, nas minhas batalhas, as graças de Deus foram se multiplicando.

Posso dizer que no tempo que vive em Mato Grosso toquei concretamente na Palavra de Deus. Aos olhos humanos era impossível, mas quando fazemos a vontade de Deus, a graça acontece. Deus tem o melhor para mim e para você, mas precisamos fazer a nossa parte. Deus fala conosco. Podemos até não entender o que Ele tem falado, mas Ele fala. Deus fala até no silêncio, Deus fala mesmo sem falar. O que cabe a nós realmente é a docilidade no Espírito Santo. Eu louvo a Deus porque, mesmo em meio à tribulação, Deus fala comigo.

Eu quero dizer para você: não perca a esperança, tenha a certeza de que Deus cumprirá Sua promessa, pois Ele não falha. Deus não é homem para mentir. Tudo pode passar, tudo pode mudar, mas a promessa vai se cumprir na hora certa, no momento certo, por isso confie no Senhor.

Quero relatar aqui uma coisa que aconteceu comigo na missão de Mato Grosso. Um dia tive uma situação difícil para resolver e que me deixou muito triste e cansado. Então fui ao Rincão e rezei um terço. Ao voltar para casa, busquei descansar no Senhor e, antes de dormir, disse a Deus que eu era grato por todo aquele espaço e que acreditava que ali era lugar de muitos milagres.

Ao dormir, tive um sonho. Eu sonhei com umas pessoas entrando no rincão de Várzea Grande, ao lado da capela. Elas pegavam água em baldes e se molhavam. Acordei e fiquei pensando no que Deus queria me falar com esse sonho. Então resolvi fazer uma gruta de Lourdes ao lado da capela, desenhei-a como havia imaginado e mostrei ao Jonas, um irmão da comunidade do segundo Elo da Canção Nova, e começamos a construção da gruta. Fui, em peregrinação, para os Santuários Marianos e de lá eu trouxe mais de 30 litros de água da gruta de Lourdes.

O Senhor havia colocado em mim que aquela gruta renovaria a esperança de muitas pessoas, mas, para que isso acontecesse, eu teria que fazer a minha parte. Quando eu cheguei em Cuiabá, a gruta estava do jeito que eu havia idealizado. Tivemos uma missa maravilhosa, com o rincão lotado, mas não foi fácil.

Lembro-me de que, no outro dia, uma irmã de comunidade ligou para mim e disse: "Padre, o seu sonho já está se concretizando. Eu estou no rincão e tem cinco pessoas esperando a porta abrir para irem à gruta pegar a água de Lourdes para rezar".

Faz 4 anos que essa gruta está no rincão, e os 30 litros de água já acabaram. Aquela água foi para abençoar a gruta, mas a gruta está sempre cheia, e quantos milagres e curas têm acontecido. Deus tem muito para fazer na minha e na sua vida, mas precisamos ser ousados, não parar nas nossas misérias e entender que Deus não me escolheu porque sou capacitado, mas Ele me capacita e me faz a cada dia um homem novo.

Se você está sofrendo hoje, tenha a certeza de que a sua tristeza se transformará em ALEGRIA!

Senhor, eu estou aqui para renovar a minha esperança, a minha alegria, porque eu acredito no que o Senhor fará na minha vida, eu acredito que milagres acontecerão, eu acredito que curas acontecerão, porque eu sou vitorioso. O Senhor na cruz morreu para me salvar, para me redimir, e eu creio, Senhor, eu quero esperar em Ti, Jesus. Eu deposito, Senhor, a minha esperança em Ti, eu confio plenamente. Senhor Jesus, eu renovo meu sim, a minha alegria, a minha esperança em Ti. Pelo poder do Teu Nome, Jesus, pelo Teu Sangue precioso, eu renuncio a toda tristeza na minha vida, a todo desamino, a todo espírito de torpor. Eu renuncio a Satanás, a todo espírito de derrotada, porque eu não sou derrotado, eu sou vitorioso, porque o Senhor me deu a vitória.

O sopro de uma vida nova

Ao anoitecer daquele dia, o primeiro da semana, os discípulos tinham fechado as portas do lugar onde se achavam, por medo dos judeus. Jesus veio e pôs-se no meio deles. Disse-lhes ele: "A paz esteja convosco!" Dito isso, mostrou-lhes as mãos e o lado. Os discípulos alegraram-se ao ver o Senhor. Disse-lhes outra vez: "A paz esteja convosco! Como o Pai me enviou, assim também eu vos envio a vós". Depois dessas palavras, soprou sobre eles dizendo-lhes: "Recebei o Espírito Santo. Àqueles a quem perdoardes os pecados, ser-lhes-ão perdoados, àqueles a quem os retiverdes, ser-lhes-ão retidos" (João 20,19-23).

Começo este capítulo com esta passagem bíblica, pois precisamos do Espírito Santo de Deus. Nós somos dependentes do Espírito Santo. A promessa do Pai para todos nós é que Jesus não nos deixará sozinhos: "Eu volto, mas não vos deixareis sozinhos".

Em Gênesis 2 está escrito:

Quando o Senhor Deus fez a terra e o céu, ainda não havia nenhum arbusto de campo sobre a terra e ainda não tinha brotado a vegetação porque o Senhor Deus ainda não tinha enviado chuva sobre a terra e não havia ninguém para cultivar o solo, brotava da terra uma fonte que regava toda a superfície, então o Senhor Deus formou o ser humano com o pó do solo, soprou-lhe nas narinas o sopro da vida e ele tornou-se um ser vivente.

Jesus soprou o Espírito Santo sobre a comunidade em missão, dando-lhe força para enfrentar os poderes do mundo e libertar os seres humanos de todo pecado. Ao soprar o Espírito, Jesus infunde nos discípulos um alento de uma vida nova. Nós precisamos sair desta leitura decididos a ter uma vida nova.

Falei em quase todos os capítulos: o combatente, aquele que luta, não pode estacionar nas suas situações. Precisamos ir avante, ir além, precisamos do sopro do Espírito Santo, pois esse sopro é um alento de uma vida nova, um tempo novo que surge, e esse tempo novo vai exigir de mim e de você.

Amanhã as coisas voltarão à normalidade do tempo, mas o diferencial é que o sopro do Espírito estará nas minhas e nas suas decisões. O Espírito Santo é o Ruah, o hálito de Deus, o consolador, o hóspede da alma.

A sequência que fazemos na liturgia de Pentecostes precisa ser cantada na nossa vida. Vou deixá-la aqui para você:

Espírito de Deus, enviai dos céus um raio de luz, um raio de luz.
Vinde, Pai dos Pobres, dai aos corações vossos sete dons, vossos sete dons.
Consolo que acalma, hóspede da alma, doce alívio, vinde, doce alí-
vio, vinde!
No labor, descanso; na aflição, remanso; no calor, aragem, no ca-
lor, aragem.

Ao sujo, lavai. Ao seco, regai, curai o doente, curai o doente.
Dobrai o que é duro, guiai no escuro; o frio, aquecei; o frio, aquecei.
Enchei, luz bendita, chama que crepita o íntimo de nós, o íntimo de nós.
Sem a luz que acode, nada o homem pode, nenhum bem há nele, nenhum bem há nele.
Dai a vossa igreja, que espera e deseja, vossos sete dons, vossos sete dons.
Dai, em prêmio ao forte, uma santa morte, alegria eterna, alegria eterna.
Amém! Amém!

Quando digo que sou dependente do Espírito Santo, é porque sou mesmo. Eu reconheço as minhas fraquezas, as minhas limitações. Certa vez perguntei ao Monsenhor Jonas: "Quantas vezes no dia precisamos pedir o Espírito Santo?". E ele me disse: "Todos os segundos". Para que a luta contra o mal seja vencida, para que lutemos contra o desejo da carne, que muitas vezes quer nos fazer olhar para trás, precisamos pedir o Espírito Santo.

A sequência de Pentecoste diz:

Espírito de Deus, envia do céu um raio de luz.
Consolo que acalma, hóspede da alma, doce alívio, vinde.

No mundo de trevas, de escuridão, precisamos ser luz no mundo. Muitos de nós não temos tido sabedoria para lidar com as coisas do mundo. Eu tenho falado e vou repetir: nós só temos duas opções: desistir ou lutar. O que você quer? Eu acredito que nós estamos aqui porque queremos lutar. Temos que lutar. Então peçamos sabedoria para que não esmoreçamos, não nos entreguemos e supliquemos essa graça, para que possamos estar sempre atentos em fazer a vontade de Deus. Ele quer que você e eu tenhamos uma ligação muito forte com o Espírito Santo. Por isso, no momento da fraqueza, do combate, da luta, da tristeza, da depressão, nós precisamos clamar: "Vem, Espírito Santo". Precisamos clamar o Espírito Santo diariamente, clamar, pedir, suplicar, gritar, se preciso for, pois se existe algo que sempre precisamos querer mais é o Espírito Santo, pois é ele quem nos dará forças para chegar até o fim.

Precisamos de homens e mulheres entusiasmados, que saíam como um grande batalhão no Brasil afora proclamando a Palavra do Senhor, anunciando a salvação. Pentecostes é vida nova, é esperança. O Espírito Santo está à nossa disposição, por isso não vamos perder tempo, precisamos sair daqui apóstolos do Espírito Santo, clamando o Espírito Santo, pedindo o Batismo.

O que eu mais peço a Deus neste capítulo é que Pentecostes aconteça na sua vida hoje. Peço a graça da decisão de uma vida nova. Que nós não tenhamos medo de romper com o pecado e ser um apóstolo do Espírito Santo. Que não tenhamos medo de pedir o Batismo do Espírito Santo, de lutar contra a nossa vontade, de perseverar, porque a perseverança é o segredo dos fortes. É tempo de avivamento, e ele só acontece pela ação do Espírito.

Lembrei-me, agora, de uma linda cena do papa Francisco em Pentecostes, no ano de 2017, em Roma, quando ele estava reunido com toda Renovação Carismática. Nos Circos Máximos, lugar onde o sangue de tantos homens foram derramados, martirizados, ele clamou o Espírito Santo. Quando eu vi o Papa levantando as mãos e, junto com aquele povo, clamando, em meu coração veio o desejo de nos amarmos mais, de sermos canais de esperança, alegria e fé para o outro, de entusiasmar o outro na graça de Deus.

O que couber a nós, vamos fazer. O que for difícil, Deus nos ajudará. O que for impossível, Deus realizará. Só um homem e uma mulher repletos do Espírito Santo são capazes de entender todas essas coisas. Eu queria poder olhar para o olho de cada um de vocês, leitores, e dizer: a nossa decisão de vida nova precisa acontecer agora. O Espírito Santo está à nossa disposição.

Senhor Jesus, eu quero um tempo novo, eu me decido a um tempo novo. Eu quero ser encharcado, eu quero experimentar uma poção dobrada do Teu Espírito. Eu preciso do Espírito Santo. Eu necessito do Espírito Santo. Eu sou dependente de Ti, Espírito Santo. Eu preciso de uma vida nova, de um entusiasmo novo, de perseverança, de sabedoria. Derrama, Senhor, sobre nós uma nova efusão. Espírito Santo, age na minha vida poderosamente. Vem, Espírito Santo de Deus. Vem, paráclito doce, hóspede da minha alma. Eu preciso de Ti.

Do coração atribulado está perto o Senhor

A TÉ CHEGAR AO CÉU, nossa vida é uma eterna luta, e precisamos saber administrar o coração, as tribulações e as dificuldades pelas quais passamos.

Do coração atribulado está perto o Senhor. Assuma essa certeza e nunca a tire do seu coração, pois o Senhor está perto. Aquele que tem a sua existência alicerçada jamais sucumbirá, jamais cairá, e se cair, vai levantar, porque o Senhor está conosco a cada instante.

No Salmo 33, podemos contemplar:

> Bendirei o Senhor em todo tempo, seu louvor estará sempre na minha boca. Eu me glorio no Senhor, ouçam os humildes e se alegrem. Celebrai comigo o Senhor, exaltemos juntos o seu nome. Busquei o Senhor e ele respondeu-me e de todo temor me livrou. Olhai para ele e ficareis radiantes, vossas faces não ficarão envergonhadas. Este pobre pediu socorro e o Senhor o ouviu, livrou-o de suas angústias todas. O anjo do Senhor se acampa em volta dos que o temem e os salva. Provai e vede como é bom o Senhor; feliz o homem que nele se abriga. Temei o Senhor, santos seus,

nada falta a quem o teme. Os ricos empobrecem e passam fome, mas a quem busca o Senhor nada falta. Vinde, filhos, escutai-me: eu vos ensinarei a temer o Senhor. Quem é que deseja a vida e anseia por longos dias para saborear o bem? Preserva tua língua do mal, e teus lábios de palavras mentirosas. Evita o mal e faze o bem, busca a paz sem desistir. Os olhos do Senhor estão voltados para os justos, seus ouvidos estão atentos a seu grito de socorro. O Senhor afasta dos maus o seu rosto, para cancelar da terra a lembrança deles. Os justos clamam e o Senhor os ouve, salva-os de todos os perigos. O Senhor está perto de quem tem o coração ferido, salva os ânimos abatidos. Muitas são as desventuras do justo, mas de todas o Senhor o livra.

A tudo devemos dar graças a Deus – na alegria, na tristeza, no sofrimento, na dor. Temos o péssimo costumo de glorificarmos a Deus somente quando as maravilhas acontecem em nossa vida, mas, no momento do combate, da tribulação, temos a grande tendência de murmurar. Bendiga ao Senhor cada momento de sua vida.

O anjo do Senhor se acampa em volta daqueles que o temem, e ele os salva. Feliz é o homem que Nele se abriga. Você quer ser feliz? Onde você está se abrigando? Precisamos nos abrigar no Senhor, porque Ele é a nossa salvação, nossa única segurança. Nada faltará àquele que teme ao Senhor e se abriga Nele .

Querido leitor, a nossa vida é um eterno combate, e nós, cristãos, não podemos parar de lutar. O próprio Jesus disse: "Quem quiser ser meu discípulo, renuncie a si mesmo, tome a tua cruz e me siga". Não podemos abaixar a cabeça diante das tribulações, mas devemos viver a vida intensamente, como se o hoje fosse o único momento da nossa vida.

Devemos vigiar e orar, pois ninguém sabe quando o Senhor voltará. Não podemos deixar que as tribulações do momento nos afastem do Senhor, porque, em meio a tudo isso, o Senhor está conosco. É no Senhor que devemos confiar.

Você pode até dizer: "Ah padre, eu sou tão fraco", mas eu lhe digo: "Renuncie, em nome de Jesus. Lute. Não desista. Levante a cabeça e assuma a certeza de que o Senhor está com você e que você é um vencedor".

Por muitas vezes, você e eu fazemos o mal que não queremos e deixamos de fazer o bem que queremos. Você e eu, por excelência, somos bons, somos filhos de Deus, mas deixamos que o mal nos domine pelas palavras indevidas, pelas lamúrias, pelas murmurações. Você é filha e filho de Deus, amado desde o ventre materno. Os problemas sempre farão parte da nossa vida, mas com Cristo somos vencedores. Assuma esta verdade.

Agora quero lhe mostrar o que o Antigo Testamento nos fala sobre a manifestação de Deus com Seu povo, porque do coração atribulado está perto o Senhor. Do Antigo ao Novo Testamento, em cada momento, está perto o Senhor, porque Ele é o nosso salvador.

Chegando ali, passou a noite numa caverna. Então a palavra do Senhor foi-lhe dirigida: "Que fazes aqui, Elias?" Ele respondeu: "Estou devorado de zelo pelo Senhor, o Deus dos exércitos. Porque os israelitas abandonaram a vossa aliança, derrubaram os vossos altares e passaram os vossos profetas ao fio da espada. Só eu fiquei, e querem tirar-me a vida". O Senhor disse-lhe: "Sai e conserva-te em cima do monte na presença do Senhor: ele vai passar". Nesse momento passou diante do Senhor um vento impetuoso e violento que fendia as montanhas e quebrava os rochedos, mas o Senhor não estava naquele vento. Depois do vento, a terra tremeu, mas o

Senhor não estava no tremor de terra. Passado o tremor de terra, acendeu-se um fogo, mas o Senhor não estava no fogo. Depois do fogo, ouviu-se o murmúrio de uma brisa ligeira. Tendo Elias ouvido isso, cobriu o rosto com o manto, saiu e pôs-se à entrada da caverna. Uma voz disse-lhe: "Que fazes aqui, Elias?" Ele respondeu: "Consumo-me de zelo pelo Senhor, Deus dos exércitos. Porque os israelitas abandonaram a vossa aliança, derrubaram os vossos altares e passaram os vossos profetas ao fio da espada. Só eu fiquei, e agora querem tirar-me a vida". O Senhor disse-lhe: "Retoma o caminho do deserto, na direção de Damasco. Ali chegando, ungirás Hazael como rei da Síria, Jeú, filho de Namsi, como rei de Israel, e Eliseu, filho de Safat, de Abel-Meula, como profeta em teu lugar. Todo o que escapar à espada de Hazael, será morto por Jeú, e o que escapar à de Jeú, será morto por Eliseu. Mas reservarei em Israel sete mil homens, que não dobraram os joelhos diante de Baal, e nem o venerarão com o beijo" (IReis 19,9-18).

Devemos ser igual a Elias. É assim que precisamos buscar viver. Mesmo com o coração atribulado, precisamos ser fiéis até o fim, trazendo para o nosso tempo a certeza de que devemos lutar e não desistir. Se o combatente não combater, não conquistará a coroa. Se eu não completar minha carreira, a minha fé não valerá de nada. Se eu não sofrer perseguições, eu não serei um cristão.

Quantos de nós paramos por causa do medo que nos domina e queremos desistir de tudo e de todos. Saia da caverna e se coloque a caminho novamente, pois o Senhor está com você. Ele estava com Elias e estará com você, porque Ele é o mesmo de ontem, de hoje e de sempre. Vivemos hoje um tempo em que querem nos calar e não mais falar da Misericórdia, da cruz de Cristo, mas precisamos ser firmes e fortes.

O evangelho de São Marcos 4,35 diz:

Naquele dia, ao cair da tarde, Jesus disse aos discípulos: "Passemos para a outra margem!" Eles despediram a multidão e levaram Jesus, do jeito como estava, consigo no barco; e outros barcos o acompanhavam. Veio, então, uma ventania tão forte que as ondas se jogavam dentro do barco; e este se enchia de água. Jesus estava na parte de trás, dormindo sobre um travesseiro. Os discípulos o acordaram e disseram-lhe: "Mestre, não te importa que estejamos perecendo?" Ele se levantou e repreendeu o vento e o mar: "Silêncio! Cala-te!" O vento parou, e fez-se uma grande calmaria. Jesus disse-lhes então: "Por que sois tão medrosos? Ainda não tendes fé?" Eles sentiram grande temor e comentavam uns com os outros: "Quem é este, a quem obedecem até o vento e o mar?".

Depois de ensinar à multidão com sabedoria, Jesus estava cansado e foi descansar. Em um determinado momento, levantou um temporal, uma grande ventania, e Jesus continuou dormindo.

Queridos leitores, quem estava no barco era Jesus, e mesmo assim aqueles homens deixaram que o medo os dominasse e O chamaram, repreendendo-O. Quantas vezes você e eu passamos por essa situação na nossa vida: estamos na maré boa e, de repente, vem a ventania e perguntamos: Cadê o Senhor?.

Quero deixar essa certeza para você: do coração atribulado está perto o Senhor Deus, pois Aquele que fez a tempestade acalmar é o mesmo de ontem, de hoje e de sempre. É o mesmo que fez cegos verem, surdos ouvirem e mudos falarem. Precisamos confiar no Senhor, mesmo que o barco vá de um lado para outro, mesmo que entre água nesse barco, pois Jesus está conosco nessa embarcação.

✝

A tempestade não cessará, ela pode diminuir ou, até mesmo, aumentar, mas em momento algum o Senhor nos abandona, pois Ele é misericordioso.

Em IITimóteo 3,1-7 está escrito:

> Fica sabendo que, nos últimos dias, sobrevirão momentos difíceis. As pessoas serão egoístas, gananciosas, presunçosas, soberbas, difamadoras, rebeldes a seus pais, ingratas, sacrílegas, sem coração, implacáveis, caluniadoras, incontinentes, desumanas, inimigas do bem, traidoras, insolentes, presunçosas, mais amigas dos prazeres do que de Deus, tendo a aparência da piedade, mas desmentindo o seu efeito. Foge também dessa gente. Deles fazem parte os que entram pelas casas e levam cativas mulheres sem juízo, cheias de pecado e movidas por várias paixões, sempre aprendendo, sem nunca chegar ao conhecimento da verdade.

Vivemos em uma época atribulada, onde as pessoas são mais amigas dos prazeres da carne do que de Deus. Quantos vivem os prazeres e se esquecem de Deus, lembrando-se Dele somente no momento da dor. É preciso buscar o Senhor a cada momento.

A nossa batalha não é contra homens de carne e sangue, mas contra potestades e principados. Vivemos uma batalha, mas com Cristo somos mais que vencedores, e é isso que você precisa assumir. Não se deixe ser levado por tribulações, problemas e medos, pois a Palavra do Senhor nos diz que os anjos do Senhor se acampam em volta daqueles que O temem. Assuma o Senhor na sua vida, seja fiel, busque a santidade.

Quero que a leitura deste livro conceda a você a graça da decisão e da determinação. Revista-se da couraça da justiça, do capacete da

salvação, e vamos à luta, porque, enquanto aqui estivermos, precisamos combater o bom combate para conquistarmos a vitória. Não se chega ao Céu sem lutar.

Como diz o padre Jonas: "Aguenta firme, meu filho, minha filha". É hora de praticar a nossa fé. A nossa fé tem que ser viva, audaciosa, entusiasmada. Sejamos homens e mulheres entusiasmados na fé.

Senhor Jesus, por intercessão da sempre Virgem Maria, a combatente por excelência, eu assumo que, em meio a todas as tribulações da minha vida, da minha casa, eu não temerei, porque do coração atribulado está perto o Senhor Deus. Creio que jamais me abandonará. Eu quero combater o bom combate hoje e sempre, por isso, Jesus, eu renuncio às mentiras, à blasfêmia, à murmuração e a tudo que me faz olhar para trás. Eu assumo hoje, Jesus, que eu faço parte do Teu exército, que a minha família faz parte do Teu exército. Eu não vou desistir, vou lutar pela conversão, pela santidade. Eu quero ser santo, Jesus.

Pois ainda há Esperança!

Testemunho Rafael Vitto

É com grande alegria que quero partilhar com a família Canção Nova o milagre diário que Deus tem realizado em mim. É o milagre da fé e da esperança em nosso Pai bondoso, é o milagre do lutar sempre e desistir jamais, porque eu sei que Ele me dará a vitória!

Conheci o padre Bruno em Cuiabá, quando comecei meu caminho vocacional à Comunidade Canção Nova, e em seu sacerdócio fui percebendo nos fatos que existia uma luta diária que eu também viveria. Porém, via nele uma luta confiante! Hoje vivo o período de formação para me tornar sacerdote, estou no segundo ano da faculdade de Filosofia, mas, além disso, vivo uma formação específica que veio através de uma doença.

Meu nome é Rafael Vitto, tenho 24 anos, e nunca pensei que viveria o que vivo hoje. Sempre tive muito medo de adoecer, porque parecia que, se isso acontecesse, eu não suportaria e seria infiel a Deus. Contudo, em novembro de 2017, acordei com certo inchaço indolor no pescoço. Passaram-se alguns dias e esse inchaço cresceu suavemente, a ponto de me despertar para uma consulta médica. A princípio, não parecia nada de mais, tomei os remédios, mas nada mudou. Fiz mais exames e nada aparecia de errado, então fiz exames de imagem mais específicos e me foi sugerida a biópsia. Os médicos me tranquilizavam, pois nada indicava uma doença séria. Decidiram, então, fazer uma cirurgia para retirar esses caroços que estavam no meu pescoço e a biópsia, por precaução. Depois de toda a preparação pré-cirúrgica, fui para o procedimento dia 1 de fevereiro de 2018. Pensei que era só esperar a recuperação e continuar minha vida de estudos, mas não foi isso que ocorreu. Por volta de 15 dias depois, fui diagnosticado com câncer.

Muitos pensamentos passaram pela minha cabeça quando recebi a notícia impactante, mas a primeira foi: "vou morrer". Era minha humanidade, meus medos e sonhos gritando: "como posso morrer ainda seminarista? Isso não é possível, eu dei minha vida para Jesus". Foram segundos de diversos pensamentos, mas logo lembrei-me de algo muito importante que havia rezado em dezembro de 2017.

Deus já havia me preparado para aquilo, pois Deus nos prepara para tudo o que vamos viver. Ele vai à frente, abrindo os caminhos e nos convidando a andar, pega em nossa mão e anda conosco. Digo isso porque os primeiros exames mostravam três possibilidades de nódulo maligno e quatro benignos, mas todos os outros exames deram pareceres positivos. Diante disso, certo dia, em adoração, comecei a pensar em como seria a minha vida se eu tivesse câncer. Comecei a me imaginar careca, algo muito sério para quem tem os cabelos ruivos (risos), me imaginei andando na Canção Nova, estudando, servindo nas missas, e esses pensamentos duraram três dias. No último dia, eu disse a Deus: "minha vida está em tuas mãos, se tu permitires isso, eu aceito. Aceito porque sei que me amas e tens o melhor para mim". Ali Ele estava me preparando e, mesmo que eu não pensasse mais na possibilidade do câncer, eu já estava confiando em Deus. A lembrança dessa oração veio ao meu coração minutos depois do resultado do exame, e eu logo fui para a capela e, aos prantos, renovei meu sim, renovei minha confiança em Deus.

Meus amigos, tudo que nos acontece é para um bem maior, e se assim não fosse, nosso Pai não permitiria. Como essa realidade é difícil de ser aceita por nós, não acreditamos que Deus é bom e nos ama quando as tribulações aparecem. Como é difícil confiar em Deus sem ficar contra Ele quando parece que estamos derrotados. Entretanto, aqui aparece o lutar sempre. O fato de lutarmos sem desistir é porque confiamos Nele e esperamos a vitória. Ainda estou fazendo o tratamento e não tenho garantias de cura, somente a esperança em Deus e a confiança em Sua promessa. Ele me prometeu a vitória!

Digo do fundo do meu coração que minha luta tem sido ouvir a Deus sem dar bola para o demônio. Quantas vezes penso: "E se eu não for curado? E se eu for curado e depois de anos o câncer reaparecer? E se eu tiver que viver a vida toda tratando do câncer?". Preciso lutar contra esses pensamentos que são obras do Maligno e alimentar a esperança na promessa de Deus. Não posso me esquecer de que o Maligno quer tirar a minha paz e me colocar contra Deus, me fazer duvidar Dele e do Seu amor. Por isso, quero lutar sempre com esperança, sem jamais desistir.

Não sei como essa história terminará, tenho fé na cura; por outro lado, tenho visto o quanto a doença me fez amar mais a Deus, confiar mais Nele e deixar que Ele conduza a minha vida. Minha vida é Dele,

Ele quem me guia e dá forças. Mesmo que minha vitória não venha neste mundo, lá no Céu a batalha já acabou, lá já sou vitorioso, lá viverei para sempre com Aquele que me ama e cuida de mim. Quantas coisas tenho aprendido com o câncer e quanto isso me será útil para a evangelização. Olha aqui, já está sendo! Tudo do jeito de Deus. Meu papel é somente confiar e esperar, lutar sempre e desistir jamais.

Não sei o que você tem vivido, talvez sejam coisas terríveis, muito piores que eu, talvez os médicos já tenham lhe dado um prazo de vida ou até você já perdeu o gosto de viver pelas decepções da vida. Te convido a rezar agora! Diga para Deus: minha vida está em Tuas mãos. O que eu tenho vivido, mesmo sem entender, eu Te entrego. É Teu! Quero viver confiando em Ti, acreditando que sou vitorioso, não importa o que me aconteça, em Ti eu tenho a vitória, em Ti eu espero. Me ensina a ouvir Tuas promessas e nelas esperar, não quero mais dar ouvidos ao que o demônio me diz. Me ensina a lutar sempre e desistir jamais!

Seja livre, reze, chore, apresente a Deus o que você vive, ore na linguagem dos anjos. Diga agora: obrigado, porque, a partir de hoje, nunca mais vou desistir. Eu confio em Ti, meu Pai, Pai das Misericórdias!

AGORA É COM VOCÊ!

Após os 13 capítulos deste livro, quero deixar uma lição de casa para você. Agora é com você! Este capítulo é seu, escreva com fé e alegria. Escreva com a certeza de que Deus está no comando da sua vida. Não pare, não olhe para trás. A Palavra do Senhor diz que os sofrimentos presentes não se comparam à glória eterna, ou seja, por maior que sejam seus desafios, acredite, eles irão passar.

Deus abençoe muito sua vida e missão. Conte sempre com minhas orações. Peço também a oração de todos vocês. Vamos juntos batalhar e nunca desistir.

"Toda a vida cristã é um combate. Devemos, porém, saber que não estamos sozinhos" (Papa Francisco).

Deus abençoe a todos.

CLUBE DA EVANGELIZAÇÃO

Seu objetivo é conquistar novos corações para assumirem a missão de evangelizar, além de buscar novas formas de contribuição para que a evangelização possa acontecer. Todos os recursos são direcionados para manutenção da obra Canção Nova, Sistema de Comunicação e projetos sociais.

EVENTOS

"Tudo começou pelos eventos!"
Com essas palavras, o fundador da Canção Nova traz a importância dos encontros em sua história. Por isso, a instituição promove, para milhares de pessoas, eventos de evangelização, e conta com uma excelente estrutura para receber os peregrinos. São celebradas missas, pregações, adorações, shows, encontros e atividades com um único objetivo: transformar vidas.

PROJETOS SOCIAIS

A Canção Nova é mantenedora de diversos projetos sociais como: PROGEN (Projeto Geração Nova), Casa do Bom Samaritano, CAC (Centro de Atendimento Comunitário), Companhia de Artes, Posto Médico Padre Pio e Instituto Canção Nova, que juntos somam mais de 12 mil pessoas atendidas.

Para que todo trabalho social aconteça, contamos com a união de muitas pessoas que sonham com um mundo melhor e se esforçam para torná-lo realidade.

ADQUIRA NOSSOS PRODUTOS E NOS AJUDE A MANTER ESSA GRANDE OBRA DE EVANGELIZAÇÃO!

loja.cancaonova.com

Leia também

Milton Keynes UK
Ingram Content Group UK Ltd.
UKHW050221250324
439991UK00015B/1833